KB004752

페미니스트
교사들의 열두 달
학교생활

학교 성평등이 세상을 바꾼다

페미니스트
교사들의 열두 달
학교생활

구세나 · 박효진 · 이소현 지음

북멘토

우리는 학교 안의 차별에 대해
더 많이 이야기해야 한다

좋은 선생님을 만나게 해 달라고 기도하던 학생 시절이 있었다. 교사가 된 후에도 새 학년의 첫날을 맞는 마음은 무척 설렌다. 하지만 페미니스트 교사로서는 한 해를 어떻게 살아 낼지 고민되고, 무사히 한 해를 보낼 수 있을까 걱정도 된다.

새롭게 만나고 시작하는 3월부터 정리하고 마무리하는 학년 말까지, 어쩌면 한 번쯤 겪고 생각해 보았을 법한 주제에 대해 세 페미니스트 교사의 목소리를 책 한 권에 담았다. 세 교사의 한해살이를 따라가며 그동안 당신이 느꼈던 불편함과 예리한 지적들이 틀리지 않았음을 확인하고, 고민 많은 학교생활에 조금이나마 도움이 되기를 바란다.

교사, 학생, 보호자, 관리자, 교직원…… 학교만큼 다양한 삶이 교차하는 곳이 있을까 싶다. 그러나 그동안 학교가 그 다양한 삶들을 잘 담아내고 있었는가를 질문하면 선뜻 답하기가 어렵다. 학교 창문에 포스트잇으로 만든 '미투' 문구에, "여학생을 위한 학교는 없다."는 학생들의 외침에 학교는 제대로 응답하지 못하고 있다. 더 이상 침묵하지 않겠다는 메시지를 권위에 대한 도전으로 받아들이고, '진정한 미투'니 '진정한 페미니즘'을 운운하는 것이 지금 우리 사회의 모습이다.

가부장적인 학교 안에서 상처를 받아 온 많은 이들이 있다. 이제껏 교실이, 그리고 학교가 얼마나 권위적인 공간이었는가. 권위를 내세우면 사람은 지워진다. 하지만 목소리를 내는 학생들과 교사들, 그리고 함께하는 시민들이 있어 그래도 학교는 조금씩 변화하고 있다. 앞으로는 더 많은 변화가 있을 것이다.

우리는 학교 안의 차별에 대해 더 많이 이야기해야 한다. 침묵하고 중립적인 태도를 유지하는 동안 폭력적인 구조가 이어졌고, 약자들은 고통받았다. 학교는 이제 평등하고 사람다운 삶의 공간이 되어야 한다.

우리는 학생들이, 나아가 여성들이 행복을 꿈꿀 수 있는 희망찬 학교를 바란다. 이 책을 쓰는 동안 학교를 둘러싼 현실을 날카롭게, 하지만 따뜻한 시선으로 끌어안으려 노력했다. 미력하나마 작은 보탬이 되기를, 그리고 당신과 함께하는 사람이 많다는 것을 알아주기 바란다.

구세나 · 박효진 · 이소현

차례

3월   성별로 꼭 나눠야 할까? : 구분 짓기, 차별의 시작

4월   학부모와 함께 페미니즘을

3월

성별로 꼭 나눠야 할까?
: 구분 짓기, 차별의 시작

여자 한 줄, 남자 한 줄

학생들은 3월이 되면 학년, 반뿐만 아니라 하나 더 바뀐다. 바로 '번호'다. 여러분의 학교에서 학생들 번호는 어떤 식으로 되어 있는가? 남자 먼저? 여자 먼저? 아니면 성별 구분 없이?

'번호'라는 것, 어렸을 때부터 참 마음에 안 들었다. 항상 남자가 앞쪽 번호였고, 여자가 뒤쪽 번호였다. 한번은 여자가 앞쪽 번호, 남자가 뒤쪽 번호를 한 적이 있었다. 왜 그랬는지 모르지만 우리끼리는 그냥 남자가 항상 앞쪽 번호였으니까 여자도 한번 해야지 않나 정도로 여겼다.

교사가 되어 돌아간 학교에서도 여전히 성별을 구분하여 번호를 매기고 있었다. 그리고 변함없이 남자가 앞쪽 번호였다. 그때 같은 학년 담임으로 만난 선생님이 3월 첫날 '뽑기'를 준비하고 있었다. 무슨 뽑기냐고 물었더니 반 번호를 뽑는 것이라고 했다. 나는 왜 이 생각을 하지 못했을까? 어려운 일도 아니었다. 그래서 나도 당장 번호 뽑기를 준비했고, 첫날 만난 반 학생들에게 번호를 뽑겠다고 했다. 학생들도 굉장히 좋아했다.

성별 구분이 있는 번호를 쓰다 보면 계속 비슷한 번호대를 갖게 되는데, 학생 입장에서도 그게 달가울 리 없다. 사실 번호는 행정상의 편의를 위해서 만든 것이지 학급 운영을 할 때 전적으로 영향을 끼치는 것이 아니다. 모든 학생들은 이름을 가지고 있으니까. 그럼에도 학생들은 이름 대신 번호로 불릴 때가 많다. 그런 번호에 성별 구분이 있으니, 반 친구들을 여자 혹은 남자로 나누는 인식을 은연중에 심어 주게 된다. 설령 학생들이 여기까지 생각하지 않더라도 '난 왜 항상 앞쪽 번호야?', '뒤쪽 번호하기 싫은데?' 정도는 생각하고 있다. 그래서인지 뽑기로 번호를 정하겠다고 했을 때 학생들은 굉장히 반가워하고 좋아했다.

막상 해 보니 참 별거 아니었고, 좋기까지 했다. 학생들을 번호가 아닌, 나아가 남자 혹은 여자로가 아닌 '사람'으로 대하겠다는 생각의 출발점이니까. 이 이야기를 교사 친구들에게 했더니, 다들 좋다며 성별 구분 없는 번호를 쓰기 시작했다. 어떤 교사는 나이스(NEIS; 교육행정정보시스템)상 번호를 아예 바꾸기도 했다.

2001년에 한 중학생이 성 구분을 한 번호는 성차별이라며 남녀차

별개선위원회에 문제를 제기했다. 우리나라 최초로 교육상의 성차별에 대해 진정한 일이었다. 2005년에는 초등학생이 같은 이유로 국가인권위원회에 문제를 제기했다. 두 번 다 성차별로 인정되었다.[1] 내 학창 시절 여자가 앞쪽 번호를 갖게 된 것이 이 때문이지 않을까 싶다. "남자가 앞쪽 번호인 게 성차별이야? 그럼 여자가 앞쪽 번호 써." 어디까지나 내 추측이다. 그 선생님이 직접적으로 말한 게 아니니까. 하지만 10년도 더 지난 오늘, 아직도 많은 학교에서 남학생이 앞쪽 번호를 쓰고 있다. 그리고 훨씬 더 많은 학교에서 아직도 성별 구분을 한 번호를 사용하고 있다.

물론 모든 학교에서 성별 구분을 한 번호를 쓰는 것은 아니다. 지금 내가 있는 학교에서는 성별 구분 없는 번호를 쓰고 있다. 그렇지만 어떤 학교에서는 반에서 자체적으로 성별 구분 없는 번호를 쓰는 것조차 문제를 삼는다. 교육청에서도 성별 구분 없는 번호를 쓰라고 권고함에도 말이다. 관행을 중시하는 학교 문화에도 불구하고 지침보다는 성별 이분법 신봉이 더 중요한 모양이다. 관행이라는 것이 행정적 역할을 담당하기보다 권력 구조를 재생산하기 위한 수단이라는 것이 명확해지는 부분이기도 하다.

---

1   김엘림, 「교육에서의 성차별 사례」, 『여성신문』, 2014.5.27.

우리 반의 성향과 성비의 관련성

교실 밖에 게시된 학급 현황에 항상 적혀 있는 게 있다. '남자 ○○명, 여자 ○○명'. 남자와 여자를 구분 짓는 것도 마음에 안 들뿐더러 남자가 먼저 적혀 있는 것도 마음에 안 들었다. 그래서 나는 '30명' 혹은 '22명'이라고 총 인원만 적었다. 그랬더니 어떤 선배 교사가 "아주 깔끔하게 적었네."라고 했다. 물론 칭찬은 아니었다. 3월 8일 여성의 날을 맞아 계기 교육 자료를 공유했더니 "이런다고 세상 안 바뀐다."고 했던 사람이기 때문이다.

학부모 총회를 하는 날이었다. 여러 가지 활동도 준비했지만 학급 교육 과정을 설명하는 자리인 만큼 프레젠테이션도 준비했다. 성비를 넣을까 말까 고민하다가 "남자 몇 명, 여자 몇 명이에요?"라는 질문을 따로 듣는 게 더 싫어서 명렬표를 보고 남자, 여자가 각각 몇 명인지 세어 봤다. 성 구분을 하지 않으려는 명렬표를 가지고 다시 남자, 여자로 나누기 위해 수를 세어야 한다니……. 뭔가 답답했지만 착실히 세어서 프레젠테이션 자료에 넣었다.

나는 그날 "우리 반 학생들의 성향은 대체로 과격하게 행동하지는 않으며……."라고 짧게 설명한 뒤, "여자 12명, 남자 10명입니다."라고 덧붙였다. 그러자 보호자들이 '아, 그러니까 그렇지.'라는 반응을 보였다.

그런데 더 재미있는 사실이 있다. 체험 학습 기안을 올리기 위해 성별 인원을 파악할 때였다. (등대 전망대를 가는데 성별 구분이 왜 필요한지 이해할 수 없으나) 그때 다시 세어 봤더니 학부모 총회 때 알려 준 성비가 아니었다. 그때 잘못 알려 주었던 것이다.

결과론적으로 우리 반의 성향과 성비는 전혀 관련이 없었던 셈이다. 더 나아가 남자, 여자로 구분하지 않아도 학생들을 이해하고 파악하는 데는 전혀 문제가 없다.(덧붙여 지금은 총회에서 성비를 언급하지 않는다.)

보호자 상담에서 보호자들이 꽤 많이 하는 말이 있다. 바로 "우리 애가 여자(혹은 남자)치고…….", "우리 애가 여자(혹은 남자)애라서…….".이다. 같은 성격을 가진 아이는 단 한 명도 없는데 학생들은 늘 두 가지로 분류된다. '성 고정관념에 들어맞는 아이' 혹은 '성 고정관념에서 벗어난 아이'로. 사실은 성격이 모두 제각각이어서 완벽하게 분류되는 것도 아닌데 말이다.

어떤 보호자는 '우리 애(준희라고 하자.)'가 남자애라 성격이 활달하고 말썽꾸러기인 면이 있단다. 그런데 준희가 다른 친구들을 때리는 일이 종종 있다고 말씀드렸더니, 그 정도는 아니라며 다소 놀란 표정을 했다. 그런데 그 뒤에 하는 말이 요즘 준희가 어떤 여학생이 자꾸 때려서 괴롭다고 이야기했다고 한다. 그러고는 이렇게 덧붙였다.

"그런데 그 여학생…… 여자애치고 좀 과격한 아이 아닌가요?"

동의를 구하는 말투에 나는 화가 났다. 왜냐하면 준희가 때렸던 학생이 그 여학생이었기 때문이다. 그 보호자의 말을 해석하자면 이렇다.

"준희는 남자애라 활달하고 말썽꾸러기인데, 내 아이가 남을 때렸다니 유감이다. 그건 그렇고 여자애치고 과격한 어떤 애가 우리 준희를 때렸다는데, 어떻게 이런 일이 있을 수 있나요?"

하지만 준희가 때렸다는 학생이 그 여학생이라는 말에 보호자는 당황해했고, 더 이상 문제 제기를 하지 않았다.

끊임없는 성별 이분법의 굴레

과거처럼 운동장에서 조회를 하지는 않지만 화재 대피 훈련, 지진 대피 훈련 등으로 운동장에 전교생이 모이는 일이 꽤 있다. 그럴 때 보면 남자 줄, 여자 줄로 나눠 서 있는 반이 대다수다. 사실 줄을 서는 방법은 다양하다. 번호순, 선착순, 모둠순⋯⋯. 우리 반은 남자 한 줄, 여자 한 줄로 서는 일이 없다.

선착순 두 줄로 서라고 하면 반 학생들은 줄을 어떻게 서는가? 혹시 자동으로 남자 한 줄, 여자 한 줄로 서는가? 그렇다면 그것을 보고도 이상하다고 느낀 적이 없는가? 선착순으로 두 줄을 서라고 하면 성별 구분 없이 온 순서대로 서는 것이 맞다. 새 학기마다 선착순으로 줄을 서라고 했을 때 아무런 고민 없이 남자 한 줄, 여자 한 줄을 서는 학생들을 보며 학교가 그동안 얼마나 성별 이분법적인 행위들을 반복해 왔고 의심하지 않게 했는지 깨닫게 된다.

다시 한번 말하지만 우리 반은 남자 한 줄, 여자 한 줄로 서지 않는다. 그런데 문제는 담임 시간이 아닐 때 발생한다. 교과 전담 교사가 '아주 자연스럽게' 남자 한 줄, 여자 한 줄로 세우는 경우가 있다. 한번 문제가 보이기 시작하면 끝도 없이 보이기 마련이다. 우리 반 학생들도 한번 '남자 한 줄, 여자 한 줄이 이상하다'는 것을 인지하고 나니, 그 주문이 대번에 불편했던 모양이다. 그래서 하루는 농구대 앞에 남자 한 줄, 여자 한 줄로 서라고 하던 체육 선생님에게 물었단다.

"왜 남자 줄, 여자 줄로 서요?"

"남자와 여자가 몸집이 다르잖아."

그건 사실과 다르다. 초등학생의 경우 남자와 여자의 몸집 차이는 거의 없다. 심지어 몸집의 차이와 농구 실력의 차이는 프로 세계로 가지 않는 이상 큰 의미가 없다. 결국 학생을 '능력'과 관계없이 '차별'한 것이다. 하지만 학생들이 선생님에게 직접적으로 토로해도 문제는 달라지지 않았다. 왜냐하면 '학생'이 말했기 때문이다. 타당한 문제 제기도 때로는 귀찮은 일로 치부되며, 그런 일은 수업 시간에도 교사에 의해 종종 일어난다.

강사 수업이나 체험 학습 등 외부 수업 때도 비슷한 일이 벌어진다. 두 줄로 서라, 세 줄로 서라, 네 줄로 서라 해도 질서 있게 잘 설 수 있는데, 당연한 듯이 '남자 한 줄, 여자 한 줄'을 요구하니 학생들은 구분하지 않았던 성을 구분해야 한다. 교사들은 줄을 왜 세우는가? 합당한 순서를 정하고, 통행에 방해를 주지 않기 위한 목적이면 충분하다. 줄

세우기가 그 이상의 '구분 짓기', '순서 매기기'가 되면 안 된다.

학생을 개인이 아닌 하나의 '성별'로 말하는 경우는 교사들끼리의 대화에서도 허다하다. 처음에 학생 명단을 받아들고는 "우리 반은 여자애가 많아서 좋다.", "나는 남자애들이 쿨해서 더 좋던데." 등과 같이 성비에 대한 말을 첫 번째로 늘어놓는다. 활동을 준비할 때에도 "여자애들이 이런 거 힘들다고 징징댈까 봐 걱정이야.", "남자애들은 과학에 관심 많으니까 이런 거 좋아하겠지?" 하며 학생들을 성향이나 능력과 관계없이 어떠한 '성별'로 지칭해서 말한다.

생활 지도에 관해 이야기할 때에도 "남자애들끼리 치고받고 싸우는 것보다 여자애들끼리 무리 지어 노는 게 더 문제다."와 같이 '여자애들이', '남자애들이' 식의 성별 지칭이 많다. 그리고 교사 본인이 평소 갖고 있던 성 고정관념의 말을 붙일 때도 있다. "그 학생은 여자(혹은 남자)인데도 그러더라."

성별 이분법의 굴레는 교실의 자리 배치에서도 쉽게 찾아볼 수 있다. 시대의 변화에 따라 교실에서의 자리 배치도 변해 왔다. 교사 주도형 강의식에 적합한 일자형 구조에서 학생 중심의 소통형 수업에 적합한 ㄷ자, 서클 대화에 적합한 원형 등 다양한 자리 배치가 등장했다. 그러나 교실의 자리 배치에서 바뀌지 않는 것이 있다. 바로 '남자 짝, 여자 짝'이다.

'남녀 짝' 구조는 자연스레 학생을 남자, 여자로 구분하고 성 고정관념을 고착화시킨다. 성별 구분 없이 자리 배치를 한다고 하면, 첫 번째 반응은 '그렇게 앉는 건 생각지도 못했다.'이다. 그다음으로 "동성끼리 앉으면 떠들지 않나요?"라는 질문을 받는다. 과연 그럴까? 달리 증명된 바가 없음에도 불구하고, 학생들에게도 '남자끼리, 여자끼리 앉으면 떠든다.'는 이 명제를 기정사실화하여 설명한다. 이것이 반복되면 학생들은 성별 구분을 하지 않는 것에 불안감을 느낀다. 하지만 우려와 달리 성별 구분 없이 자리를 앉혀도 아무 일도 일어나지 않는다. 수업 진행을 방해하는 학생은 짝의 성별과 관계없이 방해하고, 모둠 활동을 잘 이끄는 학생은 모둠 구성원의 성별과 관계없이 잘 이끈다. 중요한 것은 짝의 성별보다 학생 개개인의 성향이다.

남녀를 짝 지어 앉히는 데는 또 다른 문제가 있다. 바로 여학생에게 남학생을 '챙겨 줘야' 하는 역할을 부여한다는 점이다. 남학생이 제멋대로 하는 행동을 "그럴 수 있어."라고 이해하고, 여학생에게 "짝 좀 챙겨 줘."라고 요구하는 일도 있다. 명목은 짝을 도와주고 배려하라는 것이지만, 문제는 성별을 바꾸어 남학생에게 여학생을 챙기라고 요구하는 일은 극히 드물다는 점이다.

여학생은 제멋대로 굴었을 때 그럴 수 있다고 이해받는 일이 아주 어렸을 때부터 없었다. 어려서 울 때에도 "여자애라 이렇게 많이 운다." 혹은 "여자애가 시끄럽게 운다.", 심지어 "여자애가 울지도 않네."라며 타박을 받기도 했다. ― '여자애가'라는 말이 마법의 단어 같다. 어떤 행동이든 '여자애가'를 붙이면 이상한 행동이 되어 버린다. ― 이렇게 의사 표현을 박탈당해 온 여학생들은 '제멋대로 굴기'를 포기하는 것은 물론이고, 남녀 짝을 묶는 자리 배치로 인해 '배려'를 여성에게 주어지는 암묵적 의무로 부여받는다.

서울시에서 조부모를 위한 성평등 가이드를 배포했다. 가이드에서 첫 번째 항목은 "남자 색깔, 여자 색깔은 NO!"이다. 이어서 '남자든 여자든 감정을 자유롭게 표현할 수 있고, 남자라서, 여자라서 해서는 안 될 것은 없다.'고 이야기하고 있다. [2]

'남자, 여자를 구분하지 맙시다!'라는 슬로건은 성평등의 출발점이자 가장 온건적인 문구로 받아들여진다. 하지만 사실 가장 급진적인 말이기도 하다. 애초에 성차별은 남성성을 가져야 '사람'으로 받아들여지며, 여성성은 남성성과 '구분 짓기 위해' 나타내야 하는 것으로 존재해 왔기 때문이다. 단순히 "남자, 여자는 다 똑같아."식의 무책임한 발언이 아닌, 성별 이분법을 해체해야 한다는 사실은 가장 어렵고도 급진적인 슬로건인 것이다.

기존의 남자가 먼저, 여자가 뒤에 오는 반 번호가 성차별이라는 판결에 대한 해결책은 여자가 먼저, 남자가 뒤에 오는 반 번호로 만드는 기계적 평등이어서는 안 된다. 성별 구분 없는 번호를 쓰더라도, 위에 남자 ○○명, 여자 ○○명이 적혀 있는 출석부를 사용한다든지, 번호를 섞고 여자 한 줄, 남자 한 줄을 세우지는 않지만 '여자들은 이렇다', '남

2 「서울시, 손주 돌보는 조부모 '성평등 가이드북' 제작」 『연합뉴스』 2018.2.8.

자들은 이렇다' 식의 성 고정관념을 강화시키는 말을 하는 것은 결국 똑같은 문제를 야기한다. 앞서 중학생의 출석 번호에 대한 문제 제기는 사회와 학교에 만연해 있는 성별 이분법에 대한 문제 제기의 시작일 뿐이다.

하지만 학교는, 아니 사회는 아직도 성별 이분법 해체가 아닌 기계적 평등의 쳇바퀴를 돌고 있다. 이제껏 국회의사당에 여자 화장실도 없었는데 이제 여성 할당제를 실시하는 걸 보니 세상 좋아졌다고 하는 것은 전혀 성평등이 아니다. '성별에 관계없이' 능력에 따라 뽑아야 하고, 여성이 전부 국회의원이어도 이상할 게 없어야 한다.

어느 고등학교에서 홍보 영상을 찍는데, 대표 학생들을 뽑다 보니 공교롭게도 여학생만 선출되었단다. 그런데 그 상황을 두고 어떤 선생님이 여학생만 홍보 영상에 등장하면 여학생이 '나대는' 학교로 보이지 않겠느냐고 했다는 거다. 남학생만 홍보 영상에 등장했어도 이런 말이 나왔을까?

"여자예요, 남자예요?"라는 질문, 즉 성별 이분법적 사고는 결국 아이들에게까지 전염된다. '성 역할'을 강조하지 않은 캐릭터나 인물을 보면 학생들은 꼭 성별을 묻는다. 그럴 만도 하다. 어느 날 어린이용 영상을 틀어 주면서 혈관 속 백혈구, 적혈구, 혈소판을 설명하고 있었다. 적혈구와 혈소판이 '피맨'으로 나왔다. 적혈구와 혈소판을 '피맨'으로 묶은 것이 과학적 사실과 다르기도 하지만, 더 황당한 것은 적혈구와 혈소판이 의인화를 거치니 남성으로 표현된 점이다. 산소를 힘차게 옮기니까 남성인 '피맨'이라니……. 덧붙여 여성을 나타내는 리본이나 속눈썹, 꽃 등이 달려 있지 않은 캐릭터는 남성 캐릭터라고 하는 점에서도 성별 이분법이 단순히 남녀를 구분하기 위한 것이 아니라 남성이 기본 값이고, 여성은 남성과 구분 짓기 위한 존재로 여겨진다는 것을 다시금 확인할 수 있다.(애니메이션 〈스펀지밥〉에서의 스펀지밥, 뚱이와 다람이, 〈뽀로로〉에서의 뽀로로, 에디와 루피를 비교해 보라.)

이렇게 다양한 곳에서 성별 이분법을 학습한 학생들은 '여자애들은', '남자애들은'이라는 말을 아무런 의식 없이 사용하게 된다. 학생 상담 전에 참고 자료로 문장 완성 검사를 하는데, '여자애들은', '남자애들은'의 항목이 있었다. 본인이 그런 성향도 아니고, 친구들도 그런 성향이 아님에도 불구하고 '남자애들은 시끄럽다.', '여자애들은 자기들끼리 논다.' 등으로 성 고정관념에 맞게 문장을 완성하는 학생들이 많았다. 심지어 학급 내에서 특정 친구들을 지칭할 때 이름이 아닌 '저 여자애가', '저 남자애가'라고 말하는 안타까운 상황도 벌어진다.

고유의 성향 인정하기

점심시간마다 학생들과 돌아가며 '밥친구'를 한다. 학생과 단둘이 대화하며 밥을 먹는 것이다. 밥친구는 뽑기를 통해 무작위로 정하는데, 학생들이 자신이 뽑히기를 기대하는 시간이기도 하다.

어느 날은 그날의 밥친구와 이런 대화를 나누었다.

"모둠 친구들은 어때?"

"좋아요. 같이 놀 때도 즐겁고 뭘 할 때 협동을 잘해서 좋아요. 항상 잘 맞는 건 아니지만 서로 말도 잘 들어 주고 함께 문제를 해결하려고 하거든요."

그리고 해맑은 표정으로 이렇게 덧붙였다.

"도영이(가명)는요, 말을 잘 들어 줘서 좋아요. 남자애들은 다 말썽꾸러기인 줄 알았는데 아니었어요."

도영이도 그 친구들과 모둠을 하면서 참 행복해했다. 학교생활을 하면서 만난 모둠 중에 가장 잘 맞는다고도 했다. 도영이도, 그날의 밥친구도 행복하다고 하니 기뻐해야 하는데 나는 눈물이 핑 돌았다. 학부모 상담에서 도영이 어머니는 아들이 남자애인데 대범하지 못하다며 속상해했었고, 그날의 밥친구는 보호자뿐만 아니라 어떤 남학생의 어머니까지도 "여학생인데 너무 활달하지 않냐?"고 이야기했던 학생이었다.

그 학생들은 남들과 마찬가지로 자신들의 성향을 가지고 있었지만 인정받지 못했었다. 심지어 부모에게까지도. 하지만 성별 구분 없는 모둠과 교실 문화 속에서 '남자라서', '여자라서'라는 굴레를 벗어나 사람으로서 본연의 모습을 마주할 수 있었다. 성별 이분법의 굴레 안에서는 인정받지 못했던 학생들이 본인들끼리는 그들 고유의 성향을 받아들이고, 나아가 자신들이 성 고정관념을 갖고 있었음을 해맑게 인정하는 모습이 고마웠다. 또 오래도록 지켜졌으면 좋겠다고 생각하니 눈물이 핑 돌았다.

3월 첫째 주, 늦어도 둘째 주에 꼭 하는 수업이 있다. 바로 우리가 갖고 있던 성 고정관념을 돌아보는 시간이다. '남자라서', '여자라서'가 아닌 '나답게'를 함께 이야기하고 나면, 학생들은 곳곳에 숨어 있는 성별 이분법적인 모습을 성인보다 더 잘 찾아낸다. 페미니스트 교사라고 말하는, 그리고 말하고 싶은 나조차도 이미 사회화되어 발견하지 못했던 것들을 발견해 내는 경우도 많다. '청출어람'이 따로 없다. 학생들은 그러한 발견과 인식 자체가 진정 본인들이 행복해지는 길임을 알고 있다. 페미니스트 교사가 살아남아야 하는 이유를 다시 한번 되새기게 된다.

여자다움, 남자다움

3월 초에는 학생들의 성 역할에 대한 생각을 알아보기 위해 '여성다움, 남성다움'을 주제로 수업을 한다. 1년간 평등한 교실로 꾸려 가기 위해서는 학생들이 성 역할의 무의미함에 대해 이해하는 것에서부터 출발해야 하기 때문이다.

보통 3월 8일 여성의 날 계기 수업으로 진행한다. 나아가 전체 메시지로 수업 자료를 다른 교사들과 공유한다.

안녕하세요?

3월 8일은 ○○회 세계 여성의 날입니다.

여성의 날을 맞아 '여자다움, 남자다움'에 관한 수업을 구상했습니다.

함께 공유하면 좋을 것 같아 메시지를 보냅니다.^^

계기 교육 자료로 활용하세요.

생각보다 많은 교사들이 공감해 주고 관심을 가진다. 교내 연구회는 보통 3월 말쯤 계획서를 제출하는데, 이렇게 메시지를 보내면 교내 페미니즘 관련 독서 모임이나 성평등교육연구회를 만들 때에도 도움이 된다.

여자다움, 남자다움

대상	초등 2학년부터 (*난이도 조절 필요*)	차시	1~2차시
수업 흐름			

1. '세계 여성의 날' 소개

(이 부분은 교사들의 이해를 돕기 위한 것이므로, 교사의 언어로 설명하는 것이 좋다.)

미국에서 시작

1908년 미국의 여성 노동자들은 먼지 자욱한 공장에서 하루 12~14시간씩 일하면서도 선거권과 노동조합 결성의 자유가 주어지지 않았다. 이런 가운데 가사 노동과 생계 노동으로 힘겹게 살던 여성 노동자들이 열악한 공장에서 화재로 불타 숨지는 일이 벌어졌다.

1908년 2월 28일, 이 여성들을 기리며 1만 5천여 명의 여성 노동자들이 '정치적 평등권(선거권) 쟁취'와 '노동조합 결성', '노동 시간 단축(10시간 노동)', '작업 환경 개선', '임금 인상'을 요구하며 시위를 벌였다. 이를 계기로 1909년 2월 28일 첫 번째 미국 '여성의 날'이 선포되었고, 1910년에 의류 노동자 연합이 결성되었다. 이후 2월 28일을 '여성의 날'로 기념하다가 2월 마지막 일요일을 '여성의 날'로 기념하기도 했다.

세계로 확대

이후 여러 나라에서 여성들의 지위 향상과 남녀 차별 철폐, 여성 빈곤 타파 등 여성 운동이 활기를 띠기 시작했고, 여성들의 국제적인 연대 운동도 활발해졌다. 1910년, 덴마크에서 열린 제2차 국제 여성 운동가 대회에서 독일의 노동 운동 지도자 클라라 체트킨(Clara Zetkin)이 매년 같은 날 모든 나라에서 여성의 권리 신장을 주장하는 '여성의 날' 행사 개최를 제안하였고, 이 주장이 받아들여져 1911년 3월 19일에 첫 번째 '세계 여성의 날'이 개최되었다. 3월 19일은 1848년 프로이센 왕 프리드리히 빌헬름 4세가 노동자들의 봉기 움직임에 위협을 느껴 여성 참정권 등을 약속한 날이어서 이날로 결정되었다.(이 약속은 봉기의 위험이 사라지자마자 취소되었다.)

한편 러시아 여성들은 1913년 제1차 세계 대전 발발 직전에 평화 운동의 하나로 2월 마지막 일요일을 여성의 날로 처음 기념했다. 모든 정치 집회가 금지된 제정 아래서도 러시아 여성들은 끈질기게 여성의 날 행사를 이어갔다. 그러다가 1917년, 200만 명이나 되는 러시아 병사가 전사했다는 소식에 자극받아 2월 마지막 일요일을 '빵과 평화 시위의 날'로 삼아 9만 명의 사람들이 거리로 나섰다. 이틀 후에는 페트로그라드 전체 노동자의 약 80퍼센트인 30만 명 이상의 노동자들이 거리로 나왔으며, 학생이나 일반 시민들도 시위에 참여했다. 사흘 후 제정 러시아는 몰락하고 과도 정부가 들어서면서 마침내 여성에게 투표권을 허용했다. 이날이 3월 8일이다.

UN의 '세계 여성의 날' 권고

유엔도 1975년 '세계 여성의 해'를 계기로 3월 8일을 '세계 여성의 날'로 기념하기 시작했고, 1977년 12월 유엔 총회에서 "각국이 자국의 역사와 전통, 관습에 비추어 1년 중 의미 있는 날 하루를 정해 여성의 권리와 세계 평화를 위한 날로 할 것을 권고"하였다.

우리나라의 '여성의 날'

우리나라에서는 1920년 일제 강점기에 나혜석, 허정숙 등이 '여성의 날' 기념 행사를 시작했고, 이것이 정착되어 1945년까지 꾸준히 이어졌다.(조선총독부는 이들을 감시했지만 딱히 명분이 없어 탄압하지 못했다.) 그러나 해방 이후 여러 가지 사회 운동에 대한 탄압 정책을 유지했던 이승만, 박정희, 전두환 집권 시절에는 공개적으로 진행되지 못하다가(해방 이후에는 뜻있는 소수에 의해서만 치러지는 작은 행사에 불과했다.) 1985년에 이르러서야 일부 탄압 정책이 해소되어 3월 8일을 세계 여성의 날로 공개적으로 기념할 수 있었고, 제1회 한국여성대회가 개최되어 지금까지 민간단체에 의해 이어져 왔다. 그리고 2018년 2월 20일, '3월 8일 세계 여성의 날'을 우리나라의 법정 기념일로 지정하는 법안이 국회 본회의를 통과했다(남인순 더불어민주당 의원 대표 발의). 참고로 국가 기념일은 공휴일은 아니지만 주관 부처가 정해지고, 자체적으로 예산을 확보해 기념식과 그에 부수되는 행사를 전국적인 범위로 행할 수 있고 주간이나 월간을 설정하여 부수 행사를 할 수 있다.

몇몇 국가에서 이 행사는 원래의 정치적 색채를 잃고, 어머니날이나 밸런타인데이처럼 남성이 여성에게 사랑을 표현하는 행사로 전락하기도 했다. 하지만 대부분의 경우, 세계 여성의 날은 여전히 여성의 자유, 참정권, 인권 등의 정치적 문제를 중심 주제로 삼고 있으며, 국제적인 여성들의 투쟁에서 이어지는 정치적, 사회적 자각을 드러내 주는 행사로 자리 잡았다.

2. 여자다움, 남자다움

▶ 여자 또는 남자에게 더 어울리는 것이 있나요?

- **교과** : 미술, 음악, 체육, 국어, 수학, 과학, 사회, 실과, 영어, 도덕
- **취향** : 로봇, 인형, 게임, 축구, 피구, 분홍색, 파랑색
- **하는 일** : 교사, 소방관, 스튜어디스, 경찰, 요리사, 간호사, 가정주부
- **행동** : 차분함, 상냥함, 씩씩함, 활동적, 자신감, 꼼꼼함, 지저분함
  도전, 다투기, 울기, 장난꾸러기, 삐치기, 웃기기, 리더십
- **생활** : 설거지, 화장, 빨래, 청소, 운전, 수리, 쓰레기 버리기, 무거운 것 들기

- 벤다이어그램에 성별 이분법이 뚜렷하게 나타난다면 그것이 꼭 한쪽 성별만 할 수 있는 일인지 질문한다.
- 만약 지저분함, 다투기, 울기, 장난꾸러기, 삐치기 같은 낱말이 한쪽 성에 더 어울린다고 했을 때, 그렇게 규정되는 성별은 불쾌하더라도 그런 행동을 했을 때 그러려니 할 수 있고, 다른 성별은 그런 행동을 했을 때 더 비난받는 경우도 있다는 것을 알려 준다. 어떤 사람일 것으로 기대되고 규정되는 것은 자유롭지 못하고 불편하거나 나다움을 잃게 할 수 있음을 알려 준다.
  - ⑩ 남학생이 울 때 놀림 받으면 감정 표현을 자유롭게 할 수 없다.
    여학생이 지저분하면 남학생에 비해 더 비난받을 수 있다.
- 신체적 차이가 있어도 못 할 것은 없다는 점을 일러 준다.
  - ⑩ 체격이 좋은 남학생이 무거운 것을 더 잘 옮길 수 있지만 여학생은 여럿이 옮기거나 도구를 쓸 수 있다. 하지만 애초에 남학생에게 그 역할이 자주 맡겨지면 여학생들은 그 일뿐 아니라 다른 일마저 점차 할 수 없는 일로 파악하기 쉽다.
  - ⑩ 여성 급식 조리 종사자는 수십 킬로그램의 식재료를 직접 옮기고 있다.
- 신체의 차이가 다른 영역의 차이나 차별로 이어지는 것이 타당한지 묻는다(개인의 권리, 가정에서의 위치, 교육, 직업, 업무, 급여, 정치 활동 등).
- 어떤 낱말들이 여자와 남자에 반대로 적용되었을 때 어떤 모습으로 그려지는지 상상하고 이야기해 본다.
  - ⑩ 활달하다, 늠름하다, 자신감, 얌전하다, 상냥하다, 모성애
    활달한 남자/활달한 여자, 얌전한 남자/얌전한 여자
- 첫 수업이기도 하고 주제를 넓게 다루지 않기 위해 여성, 남성의 성별 이분법을 사용했다. 벤다이어그램에 학생이 개별, 모둠별(소재별)로 나눠 보게 하거나, 교사가 전체를 진행해도 괜찮다. 학생들의 의견을 더 받아도 좋다.

▶ 남자라서, 여자라서 해야 했던 것이 있나요?
▶ 남자니까, 여자니까 하지 못했던 것이 있나요?

- 더 잘할 수 있다고/잘 못할 것이라고 기대되는 것, 기회가 많이/적게 주어지는 것이 있는지 살핀다.
- 실제로 내가 그렇게 선택하지 않더라도 해야만/하지 말아야 할 것 같은 부담을 느끼는 분위기가 있는지 살핀다.

▶ "남자다워야 해.", "남자애가 그것도 못하니?", "여성스럽지 못하게……", "무슨 여자애가 그러니?"와 같은 평가를 들으면 어떤 느낌인가요?
  - 평가를 들으면 답답하고 억울한 느낌이 들 것이다. 평가를 자주 들으면 나를 있는 그대로 긍정적으로 보기 어려워진다. 내가 무엇을 원하는지 이해하고 찾는 것뿐 아니라, 다른 사람과 공감하기도 어려워진다.

▶ 태어날 때부터 여자와 남자는 삶의 방향과 목표가 달라야 할까요?

▶ 여자와 남자의 역할 분담 중 바꿔서 할 수 있는 것이 있을까요?

▶ 여자와 남자의 취미 생활이나 직업이 과거와 달리 구분 없이 하는 것이 많아졌습니다. 무엇이 있을까요? 왜 바뀐 것일까요?

▶ 우리나라에서도 성에 따른 행동 규범은 늘 변화해 왔습니다. 크게 변한 것들에는 어떤 것들이 있나요? 왜 변했을까요?

3. 나다움

▶ 우리가 가진 특징은 성별뿐인가요?

▶ 성별은 사람이 가진 특징 중 가장 크게 다뤄질 만큼 의미가 있나요?

▶ 여자와 남자는 타고나는 것일까요? 만들어지는 것일까요?
  - 여자다움과 남자다움은 역사에 따라 변화해 왔다. 우리는 그것을 스스로 결정하고 선택했다고

착각한다. 하지만 태어나면서부터 우리는 특정한 방식으로 생각하도록 정형화되었다. 부모, 학교, 만화책, 텔레비전, 광고, 친구, 이웃, 주변에 보이는 모든 것들에 의해 길들여진다. 그러면서도 우리의 생각이 이끄는 대로 행동하는 것이라고 착각하고, 그것을 당연하게 여긴다.

- 코미디, 드라마, 영화, 광고에서 여자와 남자에 대해 잘못된 고정관념을 드러내는 예를 찾아보자.
- 성별 고정관념에서 벗어날 때 잠재력을 키울 수 있다는 사실을 알려 준다.
- 나답게 살 때 자유롭고 행복하다는 사실을 알려 준다.

4. 교과서 살펴보기

▶ 우리가 배우는 교과서에서 다음을 찾아볼까요?

교과명 ( )	살펴본 범위 ( )쪽~( )쪽		어떻게 바꾸면 좋을까요?
여자와 남자 중 누가 더 많이 나오나요?	여자 ( )명, 남자 ( )명		
여자와 남자는 각각 어떤 역할로 나오나요?	여자 역할:	남자 역할:	
신체나 외모 평가는 없나요?			
성차별은 없나요?			
성별 고정관념을 더 강하게 만드는 부분은 없나요?			

5. 더 나은 미래 상상하기

▶ 교과서, 책, 방송, 내 주변에 성차별이 없다면 어떨까요?

▶ 무엇을 할 수 있고, 무엇을 하지 않을 수 있을까요?

▶ 어떤 느낌일까요?

본격적인 계기 수업은 이렇게 진행한다. 먼저 교과, 취향, 하는 일 (직업), 행동, 생활과 관련해서 여자 또는 남자에게 어울리는 것이 있는지 자신의 생각대로 칸을 채우도록 한다. 여성에게 어울린다고 생각하면 여성 칸에, 남성에게 어울린다고 생각하면 남성 칸에 쓰도록 한다. 모두에게 어울린다고 생각하면 공통에 쓰도록 한다.

여자다움, 남자다움

여자 또는 남자에게 더 어울리는 것이 있나요?

교과	미술 음악 체육 국어 수학 과학 사회 실과 영어 도덕
취향	로봇 인형 게임 축구 피구 분홍색 파랑색
하는 일	교사 소방관 스튜어디스 경찰 요리사 간호사 가정주부
행동	차분함 상냥함 씩씩함 활동적 자신감 꼼꼼함 지저분함
	도전 다투기 울기 장난꾸러기 삐치기 웃기기 리더십
생활	설거지 화장 빨래 청소 운전 수리 쓰레기 버리기 무거운 것 들기

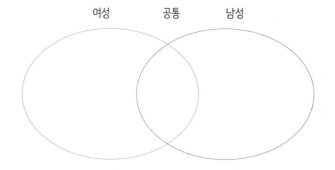

여성　　　　공통　　　　남성

작성한 내용을 살펴보니, '여성성'과 '남성성'을 최대한으로 드러내며 표시하는 학생도 있었다. '공통'에 집어넣은 항목은 '무거운 것 들기'밖에 없었다.

한편, 나름 심사숙고하여 여성, 공통, 남성 칸을 채우는 학생도 있었다.

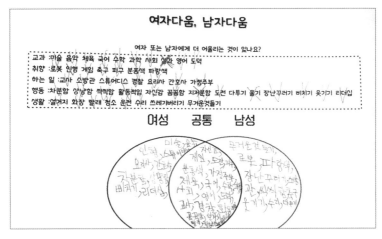

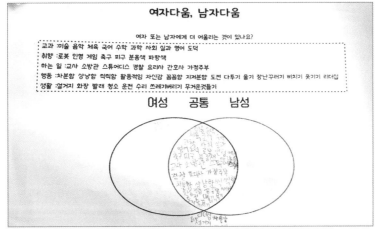

거의 모든 항목을 공통에 넣은 학생도 있었다. 이 학생은 '간호사' 항목만 여성에 넣었다. 이유를 물어보니 "간호사는 남자가 하는 걸 못 봐서"라고 대답했다. 어린이들에게 사회가 다양한 성 역할의 예시를 보여 줄 필요가 있다는 것을 절감했다.

앞서 제시한 교과서 살펴보기나 다양한 예시 찾기 외에도 신체 활동을 해 보기도 했다. '여자다움' 팀과 '남자다움' 팀으로 성별에 관계없이 팀을 나눈 후, 각 팀원이 '달리기', '빨래하기' 등의 행동을 한다.(학생들이 자유롭게 표현하도록 하며 교정은 하지 않는다.) 그리고 과연 모든 여성 또는 남성이 학생들이 표현한 대로 행동하는지 질문한다. 이어서 세상은 각자의 특성을 갖고 '나답게' 존재할 뿐, 남자다움과 여자다움으로 나눠지는 것은 아님을 말해 준다. 다양한 색깔의 색종이를 준비해서 자신만의 이름표를 직접 선택한 색으로 만들게 하는 것으로 수업을 마무리했다.

"교과서에 이렇게 성차별이 많은지 몰랐어요. 제가 읽었던 이 동화책도 성차별이었던 것 같아요."(조○○)

"제가 봤던 경찰은 항상 남자라서 경찰은 남자만 할 수 있는 줄 알았어요. 이제 그렇지 않다는 것을 알게 됐어요."(김○○)

"저는 여자애인데도 파란색을 좋아하는 게 아니에요. 저는 나답게 파란색을 좋아하는 거예요."(박○○)

저학년에서는 벤다이어그램 활동 후 구체적 활동이 있는 수업을 해도 좋다. 또는 『여자일까? 남자일까?』 같은 그림책을 활용해도 학생들의 반응이 좋다. 고학년에서는 교과서를 살펴보며 "왜 우리가 여자다움, 남자다움이 있다고 생각할까?"를 묻고 생각해 보는 시간을 가질 수 있다.

'여성의 날'과 관련한 수업이라고 하면 꼭 받는 질문이 있다.

"그런데 왜 남성의 날은 없어요?"

그러면 '장애인의 날'이나 '노동자의 날'은 있지만 '비장애인의 날'이나 '사업가의 날'은 없는 것과 같다고 설명해 준다. 평소에 약자로 차별받는 사람들을 위해 기념일을 정해 그날이라도 약자를 생각하고 평등한 사회로 나아가기 위해 우리가 할 수 있는 노력이 무엇인지 생각하자는 의미임을 알려 준다.

4월

학부모와 함께
페미니즘을

누가 나를 이렇게 가르쳤을까?

페미니즘을 배우고 나서 가장 속상했던 것은 내가 갖고 있는 아픈 자기 인식과 여성 혐오가 부모님으로부터 학습되었다는 점이다. 결혼하지 않고 살아도 괜찮다는 말씀도 여러 번 하셨지만 꽤 오랫동안 차근차근, 아주 자연스럽게 사랑받을 아내로, 사랑받을 며느리로 키우셨다. 나중에 음식을 만들어야 하니 엄마가 하는 걸 잘 보라며 음식 간을 보게 하거나 요리하는 것을 돕게 하셨고, 밥을 천천히 먹을 때는 시집가서 저렇게 밥 먹고 설거지는 언제 할 거냐는 말을 온 가족에게 들었다.

꼭 말이 아니라도 아빠가 좋아하는 반찬이 늘 상에 올라 나는 자연스레 아빠와 같은 입맛을 갖게 되었다. 엄마와 아빠가 함께 가게 일을 할 때에도 모든 집안일을 하면서 점심, 저녁 도시락 두 개를 싸 주는 사람은 엄마였다. 명절에는 할머니 댁에 먼저 가는 것이 당연했고, 머무는 동안에도 그 원가족이 아니라 며느리들이 일하는 것을 보고 자랐다. 엄마가 친정 가족들을 만나거나 챙기는 모습은 몰래 하는 일처럼 보여 조마조마한 마음이 들기도 했다. 엄마는 아빠에게 사랑받으려는 노력을 하지는 않았지만 그건 늘 봐 오던 드라마로 학습해 버렸다.

나는 지금 집안일을 잘하는 순종적인 아내나 며느리는 아니다. 하지만 그동안 보고 배운 것과 다른 행동을 할 때마다 마음속에는 불편하고 불안한 메시지들이 떠오른다. 이렇게 하면 남편이 싫어하지 않을까? 우리 가정은 안전하게 유지될까? 이 정도는 당당하게 요구해도 될까?

그럴 때면 나는 이걸 누가 가르쳤지, 어떻게 배웠지, 왜 내 마음에도 들지 않는 생각들이 내 안에 뿌리 깊이 박혀 있는지를 생각한다. 나를 이렇게 가장 꾸준히 가르친 건 다름 아닌 내 부모였다. 어떤 날은 "엄마, 나한테 왜 그랬어?"라고 따지고도 싶었지만 오랫동안 고단하게 살았고 이제야 자유를 누리는 엄마를 슬프게 하고 싶지 않았다. 대신에 내 아이를 잘 키우고, 우리 학생들의 보호자들이 학생에게 실수하지 않도록 돕는 쪽을 택했다.

보호자와 반 모임으로 관계 맺기

나는 몇 해 전부터 보호자와 학급 이야기를 나누는 밴드를 운영해 오고 있다. 또 보호자들과 월 1회 정도 주제를 가지고 만나는 반 모임도 진행한다. 일하는 보호자들을 배려해 처음 시작할 때부터 저녁 시간으로 잡았는데, 보통 7시부터 9시까지 계획해도 얘기하다 보면 다들 신이 나서 늦게 끝나는 일이 많다. 저학년 담임을 맡았을 때는 집에서 아이 봐 줄 사람이 없으면 보호자 중 한 사람만 참석이 가능하거나 그것도 여의치 않으면 참석하기 어렵다는 걸 알았다. 그래서 동료 교사에게 양해를 구하고 옆 교실을 탁아방 삼아 아이들을 데려올 수 있게 했다. 모임의 주제는 그때그때 내가 관심 가지고 있던 것, 학생들에게 필요한 것, 보호자가 요청하는 것으로 준비했다. 비폭력 대화, 스마트폰 사용, 독서 교육, 용돈 교육, 교육과정이나 학급, 학교 이야기 등 다양했다.

육아 휴직 내내 내가 가장 빠져 있던 분야는 페미니즘이었다. 복직하자마자 나는 첫 모임의 주제를 '아들 성교육'으로 잡았다. 제한된 시간 안에 아들과 딸 성교육을 모두 하기는 벅차다. 잘못 사회화된 것을 바로잡는 의미에서 아들 성교육은 책임 있게, 딸 성교육은 주체적으로 할 필요가 있었다. 청소년의 순결을 강조하는 사회 분위기에서 여성 청소년의 섹슈얼리티까지 이야기하기에는 자신이 없었다. 그래서 '딸 성교육'은 내가 공부를 더 하고 보호자와 안정된 관계를 맺은 뒤에 하고 싶었다.

아들 보호자와 딸 보호자는 다른 경험을 갖고 있어서 이렇게 나누어 하는 편이 교사가 운영하기도, 또 보호자들이 편안하게 소통하기에도 안전하다. 입장 차이로 의견이 분분해지거나, 무심코 주고받는 말들로 상처를 받게 되면 교사가 준비한 내용을 제대로 전달하기 어려워지기 때문이다. 다만 남매를 둔 보호자는 자녀 성별에 신경 쓰지 말고 참석하면 좋겠다고 안내했다.(학생 성교육은 성을 가리지 않고 동시에 했는데, 날이 좋아서, 날이 좋지 않아서, 날이 적당해서 수시로 했다.)

보호자와 성교육 모임 갖기

예전에는 보호자들에게 전교조 조합원이라고 밝히는 것이 긴장될 때가 있었다. 그런데 지금은 페미니스트 교사라고 고백할 때가 더 긴장된다. 페미니즘에 대한 수많은 오해와 '백래시'를 잘 견디고 대처할 수 있을 거란 자신감과, 상대방이 마음을 열고 이야기를 잘 들어 줄 것이라는 신뢰감이 부족한 탓이다.

---

3   백래시(Backlash)는 사회적 정치적 변화에 대해 나타나는 반발을 뜻하는 말로, 주로 진보적인 사회 변화로 인해 영향력이 약해지거나 권력에 위협을 느낀 기득권 세력에 의해 일어난다. 반(反)페미니즘 공격도 백래시의 일종이다.

하지만 자신도 보호하고 상대방의 공격이나 방어 기제도 낮추면서 페미니즘 이야기를 나눌 수 있는 방법도 있다. 성교육, 성평등, 성폭력 방지처럼 지금까지 많이 써 온 말들을 먼저 사용하는 것이다.(우리 학교의 교사 연구회 이름도 '성평등연구회'이고, 지역 교사 연구회 이름도 '성평등연구회'다.) 책이나 동영상 등을 활용해 권위 있는 전문가가 나를 대신해서 말하게 하는 방법도 있다.

아들 성교육 모임에서는 당시 화제였던 『당황하지 않고 웃으면서 아들 성교육 하는 법(손경이 지음)』이라는 책을 골랐다. 내용이 쉽고 구체적이고 다양했다. 딸 성교육 모임은 2학기에 했는데, 책 고르기가 어려워 고민하던 차에 같은 저자가 『움츠러들지 않고 용기 있게 딸 성교육 하는 법』이라는 책을 내서, 그것을 중심으로 부족한 이야기를 좀 더 엮어 진행했다.

보통 책으로 보호자 모임을 할 때는 먼저 읽을 책과 목차를 제공하고 함께 읽고 싶거나 궁금한 부분이 있는지 묻는다. 내가 함께 읽고 싶은 부분을 골라 한 챕터씩 읽고 이야기를 나누기도 한다. 어떤 부분이 인상 깊은지, 관련된 경험이 있는지, 궁금한 것이 있는지를 자연스럽게 얘기하고, 다음 장으로 넘어간다. 책을 읽고 오라 하면 부담감에 쉽게 참여하지 못하기 때문에, 당일에 발췌한 부분을 직접 읽고 이야기하는 방식으로 진행한다. 그래도 미리 읽고 관련 동영상까지 찾아보고 오는 보호자들도 있어서 항상 이야기가 풍성하다.

아들, 딸 이분법적으로 나눠서 성교육을 하다 보니 성 소수자 주제를 다루지 못하는 것이 아쉬워 혹시 그에 대해 이야기 나누고 싶은 부모들은 개별적으로 연락을 주면 따로 자리를 마련하겠다고 했는데, 연락이 오지는 않았다. 처음에는 우리 반 학생이나 보호자 중에는 성 소수자가 없기 때문에 연락이 오지 않았다고 생각했다. 그런데 어쩌면 인생을 걸어야 하는 커밍아웃을 그 정도 메시지에 응답하기는 어려웠을 것 같다. 호모 포비아로부터의 공격이 두렵기는 하지만 내 주변에 성 소수자 학생과 보호자가 있어서 지지와 도움이 필요하다면 나는 그 역할을 충분히 하고 싶었다. 하지만 내가 안전하게 대화할 사람으로 받아들여지려면 더 꾸준한 노력을 해야 할 것이다. 평소 학생들과는 성적 지향, 성별 정체성, 성별 표현 등에 대해 이야기할 기회가 있었지만, 보호자들에게는 나의 마음을 전할 기회가 부족했다.

보호자에게 바라는 것

교사들 누구나 가정이 학교와 동행하길 바란다. 나는 보호자들이 '성'에 대해서도 교사와 관점을 맞추어 주길 바란다. 한 발 더 나아가 보호자들이 먼저 알고, 행동하고, 자녀에게 전달하면 좋겠다.

모임을 마무리할 때 소감을 나누면 "나도 몰랐다.", "이제야 알았다."는 이야기를 많이 듣는다. 교사인 나 역시 얼마 전에 알았고, 아직도 배울 게 많다. 보호자들이 직접 더 알아간다면 더할 나위 없겠지

6-6 담임
2018년 4월 17일 오전 11:55

25명이 읽었습니다.

첫 번째 학부모 모임에 초대합니다. 월 1회 정도 교육이야기 나눌 수 있게 반모임을 생각하고 있어요. 참여는 자율이고 엄마 아빠 보호자 모두에게 열려있어요.

4월 27일 금요일 저녁 7-9시 6-6교실에서 하고요. 드실 간식과 개인컵은 챙겨오세요 ~^^ 물은 끓여 드립니다.

같이 나누고 싶은 이야기가 많은데 먼저 "아들 성교육"을 주제로 잡았습니다.(딸도 다음 번에 하려하니 기다려 주세요^^)
애들이 이미 또래집단을 통해 성을 알고, 교육이 시작되면 무용지물~일 것 같아 급히 했고요.

아들이 있는 우리반 부모님, 성교육에 관심있는 부모님 모십니다.
같은 시각 다목적실 개방하려 하니 애들 데려오시면 다목적실에서 모여놀 수 있습니다.
나중에 같이 이야기 나눠봐도 좋을 것도 같네요.

참석하실 분은 댓글로 참석자(○○○ 엄마, ○○○ 아빠, ○○○)와 목차 보시고 책에서 관심있는 부분, 평소 아들 성교육에서 궁금하거나 어려웠던 점 등을 적어주시면 됩니다. 준비를 위해 25일(수)까지 알려주시길 부탁드려요.

이 책을 중심으로 이야기 나눌 건데요. 책은 구매하셔도 좋고, 참석자 정해지면 제가 발췌해 나눠드릴 수도 있어요.(구매하신, 하실 분은 역시 댓글로 써주시면 준비할 때 자원을 절약하겠어요.)

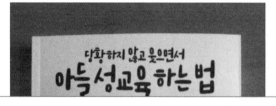

여자아이맘이라도 같이 했으면 했던 소중한 시간이었어요
4월 30일 오후 5:43 · ☺ 표정짓기

많은 도움됐어요~조금은 이론적이라 생각했지만..우리 아이들세대는 이렇게 지속적으로 교육을 받으면 서로 존중하는 또 하나의 문화가 생길것같네요~
4월 30일 오후 5:49 · ☺ 표정짓기

평일 저녁시간 모여앉아 책 읽으며 서로의 생각을 얘기하는 것 너무 좋았어요. 수학.영어학원에 대해 고민은 많이 해봤지만 성교육은 생각지도 못했던 것 같아요. 선생님이 주제를 주셔서 여러모로 생각해보는 하루가 되었어요. 감사해요
4월 30일 오후 7:10 · ☺ 표정짓기

만 나는 나대로 공유해 나가는 노력을 하고 있다. 반 모임도 하고, 밴드와 문자 메시지로 수업 내용이나 관련 뉴스, 새 책 소식들을 알리는 식으로.

가끔 보호자들에게 좀 더 적극적으로 실천해 줄 것을 부탁하기도 한다. 예를 들면 여학생이 가족들의 외모 평가나 꾸밈 압박 때문에 불편하다는 이야기를 들으면 보호자에게 전화나 메시지를 드린다.

학생들은 각 교과에서 앎의 정도가 다르듯이 '성'에 대해서도 그렇다. 성폭력 방지 교육은 교사가 학교에서 집단으로 교육해도 괜찮지만 몸교육을 포함한 일부 성교육은 학생의 관심과 이해 수준에 맞게 가정에서 개별화된 교육을 하는 것이 필요하다. 하지만 보호자들이 아무리 잘 알고 실천한다 해도 아이와 갑자기 성 이야기를 나누기는 어색할 수 있다. 앞서 언급한 손경이 씨의 책을 보면, 아이와 일상을 이야기하는 것이 성교육의 출발점이라고 한다. 평소 별로 대화가 없다가 어느 날 아이에게 성에 대한 이야기를 꺼내면 어색해질 수밖에 없고, 제대로 이야기하기도 어렵기 때문이다.

반 모임에 나온 보호자들 역시 아이와 일상 대화를 나누는 게 가장 어렵다고 말한다. 초등학교 고학년쯤 되면 이미 최소한의 대화만 나누는 가정도 있다. 그래서 자녀와 무엇이든 대화할 수 있는 관계를 유지하도록 보호자들을 독려하고 돕는다. 나는 밴드를 통해 학교생활을 공유하거나 보호자들에게 메시지를 자주 보내는 편이다. 보호자들은 대화의 소재가 생겨 자녀와 친해졌다는 감사 인사를 종종 해오고, 학

생들도 보호자의 관심을 반가워했다.(학교 생활은 학생들의 동의를 얻은
뒤 밴드로 공유한다.)

보호자와 성, 페미니즘에 대해 이야기하기

교사가 보호자와 성에 대해 이야기할 때도 마찬가지다. 교사도 알아
야 하고 실천해야 한다. 또 솔직하고 편안하게 이야기를 나누기 위해
보호자들과 여러 주제에 대한 대화 시간을 가져 래포(rapport; 마음의
유대)를 형성하고, 보호자들 간의 래포 형성도 도와야 한다.

교사와 학부모 사이에서 성에 대한 이야기를 할 때 래포가 없거나
교사가 중심을 잡지 않으면 불편한 자리가 될 수도 있다. 나는 결혼과
출산을 거치면서 그 부담감이 한결 가벼워졌지만 페미니즘적 시각을
나눌 때는 '백래시'가 두려울 때가 있다.

그래서 교사들에게 보호자와 성 또는 페미니즘에 관련한 모임을 자
신 있게 하기 위해서는 먼저 다른 모임에서 같은 주제로 깊이 있게 대
화와 토론을 해 보라고 권하고 싶다. 혼자 하는 공부와 여럿이 하는
공부는 깊이와 넓이가 다르다. 나는 교사 페미니즘 독서 모임, 성평등
연구회, 마을 도서관 인문학 모임 등에서 다양한 경험과 의견을 가진
사람들과 대화할 기회가 있었다.

때로는 수업 준비하듯이 어떤 순서로 이야기를 꺼내면 좋을지 고민

하고, 꼭 전달하고 싶은 메시지를 정리하고, 나의 의도를 희석시킬 만한 말들을 주의한다. 어떤 논란이나 반대 의견들이 있는지 확인하고, 내 생각을 뒷받침할 자료와 통계를 준비하며, 예상 질문이나 의견에 대해 답해 보는 연습을 하고 점검받기도 한다. 언뜻 힘들어 보이지만 보호자 모임이나 성교육을 위해 한 번에 하는 것이 아니라 페미니스트로서 나의 정체성을 다져 가는 일상이기 때문에 재미와 희열이 있다.

또한 보호자들의 다양한 의견과 경험을 이해하고 존중하기 바란다. 학생들이 가정에서 어떤 경험을 하는지 교사가 알 수 없듯이 보호자들이 원가족 또는 현재 가족과 어떤 관계를 맺고 있는지도 알 수 없다. 아내와 남편, 여성 보호자와 남성 보호자의 입장도 다를 수 있다. 나는 교사를 찾아온 보호자들이 죄책감, 수치심, 두려움을 갖지 않도록 신경 써서 말하고, 알맞은 방법을 찾기 위해 노력하고 있다.

가정 안에 가정 통신문으로 침투하기

결혼 후 첫 명절에 시가에서 있었던 일이다. 명절 당일 큰집 딸이 오니 얼굴 보고 가면 어떻겠냐는 시부모님 말씀에 "명절에 딸끼리 만나면 안 된대요. 그 집 딸 오는데 우리 집 딸도 가 있어야죠."라고 떨리는 마음으로 말했다. 그 뒤로는 명절 당일 오전까지만 시가에서 보내고 나의 본가로 출발한다. 나는 새로 만난 가족, 시가에 씩씩하게 내

의견을 전했지만, 예전에 나의 엄마는 할머니에게 하기 어려운 말들을 딸의 입을 빌려 조심스레 전하기도 했다.

추석을 앞두고 학생들에게 '우리 가족 명절 성평등 지수'라는 나름 젠더 관점에서 명절 문화나 가족 문화를 점검할 체크 리스트를 나눠 주었다. 차례를 지내지 않거나 가족끼리 왕래하지 않고 명절을 보내는 학생들도 있었고, 제공한 목록이 가족 상황에 딱 들어맞지 않기도 했지만 어른들이 만든 대로 늘상 보내던 명절 문화를 다른 시선으로 보게 하려는 의도였다.

부모님은 명절을 그렇게 보낸 지 너무 오래되어 문화를 바꾸는 시도 자체가 어려울 수 있다. 하지만 너희가 제안하면 가족들이 다르게 받아들일 수 있으니, 이번 명절엔 우리 가족의 명절 문화가 평등하지 않다고 여겨지는 부분들에 대해 이야기를 나눠 보라고 했다. 또 놀지만 말고 자기 몫의 집안일을 하라고도 했다. 어른들에게 말 꺼내기 어려울지 몰라 "아빠, 같이 음식 만들어요.", "가족끼리 나누지 말고 같은 상에서 밥 먹어요.", "설거지는 돌아가면서 해요." 같은 말들도 연습 시켜 보았다.

그러자 한 여학생은 수업을 마치고 나서 체크 리스트를 가족들과 점검해 보고 싶다고 인쇄해 달라고 했다. 체크 리스트 때문에 집안이 난리 나는 건 아닐까 좀 떨리기도 했지만 마중물 샘의 자료를 조금 다듬어 가정 통신문으로 인쇄해 주었다. 추석이 지난 후 그 학생에게 물어보니 진짜 온 가족이 둘러앉아 가정 통신문을 읽고 하나하나 체크

했다고 한다. 할아버지가 우리 집은 '아니오' 집안이라며 이제 '예' 집안으로 바꾸자고 하셨단다. 또 장보기를 남자들이 해 왔는데, 올해는 다함께 장을 보았고, 음식을 만들 때도 할아버지와 아빠가 함께했단다. 원래 추석상이 푸짐한 편이라 아침부터 밤까지 일했는데, 이번 명절에는 오후 3시에 끝났다고 한다. 엄마는 다 같이 하니까 외식 안 하고 집밥 먹는 것도 괜찮다고 했고, 할머니는 이번 추석은 정말 재미있었다며 다음에도 이렇게 하면 좋겠다고 했단다. 그리고 더 멋진 변화는 그날 이후로 아빠가 집안일을 전보다 많이 한다는 것이었다.

이미 만들어진 가족 내 질서를 흩트리는 것은 쉽지 않지만 때로 아이들은 어른들을 성찰하게 하는 강력한 존재다. 아이들로 인해 가족 문화에 변화가 생기기를, 아이들이 커서 성인이 되었을 때 새로운 가족 문화를 만들어 나가길 기대한다.

모두가 즐거운
성평등한 명절 보내기

보호자님, 안녕하세요?

즐거운 추석 연휴가 다가옵니다. 이맘때가 되면 '더도 말고 덜도 말고 한가위만 같아라.'라는 말로 한가위의 풍성함과 여유로움을 표현합니다. 하지만 배불리 먹고 즐겁게 노는 명절이 부담스러운 분들도 있을 듯합니다.

가족 문화 안에서 아이들은 성 역할을 내면화할 수 있는데, 그중 명절은 가족 문화를 가장 잘 보여 주는 날 중의 하나입니다. 온 가족이 즐겁게 명절을 보내도록 몇 가지 제안을 드리니, 익숙했던 문화 중에 새롭게 해 볼 만한 것이 있으면 성평등 교육의 일환으로 생각하여 실천해 보셨으면 합니다. 아이들에게는 어른들의 말씀보다 행동이 더욱 의미 있게 다가갈 것입니다. 행복한 명절 보내십시오.

성평등이란?

모든 사람이 고정된 성 역할이나 성별 고정관념에 구속됨 없이 자유롭게 자신의 능력을 계발하고 선택할 수 있는 권리를 가지는 것을 의미합니다. 생물학적 성(性)으로 인하여 차별받지 않고 평등한 대우를 받으며 자신의 적성과 능력을 길러 행복한 삶을 사는 것은, 인간이라면 당연히 가져야 할 기본적인 권리입니다.

성평등한 명절을 만드는 세 가지 질문

1. 명절에 하는 일들이 성별에 따라 다른가요?

2. 명절에 하는 일들은 누군가에게 치우치지 않고 서로 나누어 하나요?

3. 명절에 부모님의 가족 양쪽이 모두 중요하게 여겨지나요?

우리 가족의 명절 문화

1. 명절 음식상을 위한 장보기를 함께한다. (   )

2. 명절 음식을 함께 만든다. (   )

3. 명절 음식상을 함께 차린다. (   )

4. 음식상을 성별로 나누어 차리지 않는다. (   )

5. 과일이나 차 같은 후식을 번갈아 준비한다. (   )

6. 설거지나 뒷정리를 함께한다. (   )

7. 성평등하게 차례를 지낸다. (   )

8. 쉴 때 함께 쉰다. (   )

9. 가족들이 서로를 존중하며 자유롭고 편안하게 대화한다. (   )

반 모임을 시도하려는 선생님의
'완물완궁' Q&A

Q1 아들, 딸을 둔 보호자 성교육에서 다루신 내용은 무엇인가요?

학생들의 연령, 성에 대한 지식이나 태도에 따라, 보호자의 필요에 맞게 너무 욕심내지 않고 내용을 고르면 될 듯해요. 초등 고학년 보호자와 만나는 경우에는 자녀와 대화할 때 필요한 성 지식 교육에 초점을 맞췄고, 성평등에 대해서도 덧붙여 다루었어요. 성에 대한 대화를 나누기 위해서는 일상적인 대화를 나눠야 한다는 것과 더불어, 일상에서 자녀의 자기 결정권을 존중해 달라는 부탁을 드렸고, 성기의 정확한 명칭, 성관계를 설명하는 방법, 2차 성징과 이성에 대한 이해, 자위 행위, 음란물 시청, 연애와 스킨십, 피임 교육 등을 안내했지요. 아들은 좀 더 배려하고 책임감 있도록, 딸은 좀 더 용기 있고 주체적으로 성을 받아들여야 한다고도 했어요. 딸들은 화장이나 패션 등의 문제로 보호자와 갈등이 있기도 해서 그런 면을 추가로 다루었어요.

보호자와 양방향 소통이 가능한 SNS를 사용하지 않는 경우에는 어떻게 반 모임을 하면 좋을까요?

저는 첫 학부모 총회나 보호자 상담에서 미리 반 모임이 어떤 의미인지, 언제 시작할 것인지 알리고 참석을 부탁해요. 밴드를 사용하기 전에는 단체 문자나 가정 통신문을 보내서 반 모임을 알렸어요. 참석하지 못한 보호자들에게는 다음 날 반 모임 자료나 후기를 보내서 공유하곤 했어요. 가정 통신문을 쓰면 문서를 만드는 번거로움이 있고 관리자의 결재를 받아야 해요. 또 학교 홈페이지의 학급 게시판에 공지할 경우에는 반 모임을 하지 않는 다른 교사들의 눈치가 보여서 학급 안에서만 소통하는 문자나 애플리케이션이 편한 것 같아요.

양방향 소통이 가능한 밴드를 활용할 때의 장점은 모임 전에 어떤 이야기를 나누고 싶은지, 궁금한 점이 있는지 미리 확인해 준비할 수 있고, 참석한 보호자들의 긍정적인 반응을 참석하지 못한 보호자들과도 나눌 수 있다는 점이에요. 그 안에서 제가 나누고 싶은 가치가 공유되고 교사에 대한 신뢰가 생기는 것 같아요. 투표 기능으로 여러 날짜를 제안해서 참석이 많은 날을 고를 수 있고, 그 과정에서 참석이 독려되는 것도 장점이에요.

저는 비혼, 비출산 교사입니다. 성교육을 주제로 반 모임을 하고 싶습니다. 그러나 교사, 그리고 비혼 여성에게 요구되는 '순결' 이미지 때문에 학부모와 성교육을 주제로 터놓고 얘기하는 것이 두렵기도 합니다. 어떻게 하면 좋을까요?

성교육은 사적인 경험을 공유하는 것이 아니라는 점을 명확히 하면 좋겠어요. 사적인 질문에는 교사가 답할 필요가 없고, 불쾌하면 그것을 표시해도 괜찮을 것 같아요. 이야기가 주제에서 벗어나고 불편하다고 느껴진다면 오늘 모인 목적에 맞게 이야기하고 싶다고 말하고 교사가 준비한 이야기로 돌아오세요. 관련 도서나 동영상을 활용하면 이야기를 이끌어 나가는 데 도움이 될 거예요.

"선생님은 아이를 안 낳아 봐서(안 키워 봐서) 몰라요." 같은 이야기를 한다면 교사는 교육 전문가이며 다양한 학생들을 만나고 있다고 당당하게 말씀하세요. 학생들과 이야기할 때도 학생들이 받아들일 수 있는 만큼만 이야기하듯이, 보호자들과 이야기할 때도 욕심내지 말고 보호자들이 받아들일 수 있는 만큼만 이야기를 나누세요.

보호자들과 페미니즘을 주제로 이야기하고 싶습니다. 그런데 아직 반 모임을 해 본 적이 없어요. 다른 주제로 보호자들과 독서 모임을 가진 후, 페미니즘을 주제로 이야기하는 것이 좋을까요? 아니면 처음부터 주제를 페미니즘으로 잡는 것이 좋을까요?

반 모임을 해 본 경험이 없다면 보호자들을 다른 경로로 만나 본 뒤에 페미니즘을 이야기하는 반 모임을 하는 것이 나을 것 같아요. 페미니즘은 처음 만나는 사람들이나 불특정 다수와 이야기하기에 쉽고 예측 가능한 이야깃거리가 아니라서 보호자들과 이야기하려면 용기와 준비가 더 많이 필요해요. 선생님이 근무하는 학교에서 보호자들과 페미니즘을 이야기하기에 안전하다고 느낄 때 하기 바랍니다. 페미니즘의 다양한 요소 중 성교육은 보호자들의 관심과 요구가 큰 주제라 그 방향으로 전개해 나가길 추천해요. 또 페미니즘이 아니라 다른 주제로 보호자들을 만나더라도 성평등이나 교사가 중요하게 여기는 가치들이 여러 면으로 전달될 테니 조바심 내지 않아도 된답니다.

Q5 실제로 반 모임을 할 때에 어떤 주기로 하는지, 교실 정돈은 어떻게 하는지 등 구체적으로 준비해야 할 점을 알고 싶습니다.

반 모임 주기는 교사의 목적에 따라 정하면 될 것 같아요. 저는 보호자와의 소통이 중요해서 한 달에 한 번 정도 반 모임을 갖는 편이에요. 그래서 한 달에 한 번은 교실을 정리하게 되네요. 반 모임을 하는 데 있어 동료 교사들의 양해가 필요하기도 해요. 어느 반은 하고 어느 반은 하지 않느냐는 볼멘소리를 들으면 불편하니까요. 그래서 우리 반 보호자들께는 동료 관계가 불편해지면 꾸준히 운영하기 어려울 수 있으니 다른 보호자들에게 자랑하지 말라고도 해요. 한때는 동료 교사들에게 학부모 총회에 참석한 보호자들이 너무 원해서 떠밀려 하게 되었다고 거짓말을 한 적도 있어요. 또 관리자가 결재를 요구하는 경우도 있었는데, 첫 모임을 내부 기안하면서 학부모 모임을 월 1회 할 예정이며, 내용과 일시는 이전 모임에서 정하겠다고 쓴 뒤로는 초과 근무 수당을 받으며 하고 있어요.

당일 준비는 저녁 시간에 할 때는 교실까지 오는 길이 어둡지 않게 불을 켜 두고, 둥글게 둘러앉아 이야기할 수 있도록 오기로 한 인원만큼 자리를 마련해 둡니다. 자료나 필기구도 준비해 두고요. 중앙의 바닥에는 센터피스(center piece)라고 하는 작은 화분, 인형, 향 없는 초 등 분위기가 흐트러질 때 집중하고, 어색한 순간 눈길을 둘 만한 몇 가지 물건을 두기도 해요. 카페처럼 잔잔한 음악을 깔아 두고 일찍 온 사람이 민망하거나 심심하지 않게 그동안 찍은 학생들 사진들을 슬라이드쇼로 틀어 두기도 해요. 저는 환영받는 느낌을 주고 싶고 중요한 자리로 여겨지도록 이렇게 준비하지만, 만나서 이야기 나누는 것이 목적이니 부담 갖지 말고 하고 싶은 만큼만 준비하세요.

5월

왜 보호자의 기본 값은
엄마일까?

보호자는 누구?

학년 초에 학부모 총회를 하면 다른 때보다 참석률이 높지 않다. 그렇다고 보호자들이 관심이 없나 하지만, 의외로 상담 주간에 상담 신청이 많다. 학부모 총회에 오지 않거나 오지 못하는 이유 중 하나는 그날 학부모 자원봉사단을 모집하기 때문이다. 교사들도 학부모 총회에 참석하지 않거나 참석했다가도 빨리 자리를 뜨는 보호자들을 잡기 위해 작전을 쓴다. 총회 날에 공개 수업이나 학급 안내, 교육 과정 소개보다 임원 선출을 먼저 해 버리는 것이다. 그렇게 해도 학급에 할당받은 만큼의 인력이 구해지지 않아서 얼굴도 모르는 분들에게 연락하며 굽신굽신해 본 경험은 모든 교사들이 한 번쯤 있을 것이다. 그나마도 충분히 구해지지 않으면 모집된 학부모 자원봉사단은 더 많은 날을 봉사하게 된다. 때문에 고된 봉사에 지원자가 줄면서 자원봉사가 더 힘들어지는 악순환이 생긴다.

매년 이런 일을 겪다가 학교 앞 횡단보도가 많아 가장 많은 인원이 필요했던 녹색어머니회 구성이 어려워지면서 우리 학교에서는 이것을 학교가 꼭 해야 하는 일인지, 지속 가능한 일인지 근본적인 논의를 하게 됐다. 학교 안에서의 안전은 학교의 책임 영역이지만 안전한 등교까지는 보호자나 사회의 몫이라고 생각했다. 그래서 지속 가능하지 않고 호혜적이지 않은 현재의 상황을 안내하고 학교 주변 교통 환경을 보호자 스스로 판단하도록 하여 녹색어머니회의 존폐 문제를 학부모 전체 투표에 부쳤다. 결국 녹색어머니회는 필요하다고 결정되었고, 보호자들이 하루씩 봉사하여 독박 봉사를 없애는 것으로 정착되었다. 부족한 부분에 대해서는 시청과 경찰의 협조를 구했다. 하지만 녹색어머니회 대행 서비스 업체도 있다는 것을 보면 투표로 결정됐다고 모두가 활동을 할 수 있는 것은 아니다. 게다가 거의 대부분 여성 보호자들이 나온다.

그런데 학교에 녹색어머니회만 있는 것이 아니다. 학교에 따라 다르지만 '독서 지원단', '어머니 폴리스' 외에도 각종 교육 지원단이 있고, 최근 양치 지도를 하는 '치카맘'까지 등장했다는 기사를 보았다. 학교가 교육 기관인지 종합 서비스 센터인지 헷갈릴 정도이다. 일단 학교의 주요 기능을 벗어난 서비스들이 학교로 들어오는 것이 문제다. 등하교 안전이나 범죄 예방이 학교의 몫인가, 사회의 몫인가? 성

심껏 봉사하는 보호자들의 헌신은 인정하지만 꼭 필요한 일이라면 전문 인력을 양성하고 합당한 보수를 제공해야지 무보수 봉사로 채우려 해서는 안 된다. 학교에 새로운 학부모 조직이 생겨나는 과정도 문제가 있다. 문제의식이나 필요성을 공유하여 학부모의 동의와 지지 속에 생겨나는 것이 아니라 공문에 의해 담당 교사가 배치되고 학부모를 동원하는 방식으로 추진되는 것이다.

가장 큰 문제는 이 모든 뒤치다꺼리를 '어머니'가 하는 것이다. 요즘은 남성 보호자와 책임을 공유하고, 다양한 가족 상황을 반영하기 위해 각종 '어머니회' 이름을 '학부모회'나 '보호자회' 등으로 바꾸려는 시도가 있다. 그런데 재미있는 점은 그것은 학교의 노력일 뿐이고 각 단체의 중앙 본부는 아직 '어머니', '맘' 등의 용어를 고집하고 있다. 아예 회원 자격을 '어머니'로 한정 짓거나 스커트나 스타킹 차림을 공식 복장으로 정하기도 한다.

교사들은 의도적으로 그 명칭을 '어머니'에서 '학부모'나, '보호자'로 변경하려는 노력을 해야 한다. 학교 곳곳을 주의 깊게 살펴보면 때로 '학부형' 같은 단어도 좀비처럼 나타난다. 주부를 학교의 잉여 인력으로 취급하고 있지 않은지도 점검해야 한다. 도움이 필요할 때 여성 주부만 찾아 봉사를 요청하지는 않는지, 봉사라고 말은 하면서 응하지 않을 때 비난의 마음이 들지는 않는지 생각해 보아야 한다.

어머니, 집에서 쉬신다면서요?

우리 학교에는 단체 문자 발송 서비스가 있다. 학급별로 보호자 휴대 전화 번호가 저장되어 있는데 보호자 한 명만 수신자 목록에 올리다 보니 주로 어머니 연락처가 등록되어 있다. 학교에서 보호자가 알아야 할 정보를 어머니에게만 제공하는 셈이다. 그 결과 학생들에게도 자녀 양육은 어머니의 몫이고 책임이라는 잘못된 성 고정관념을 심어 주고 있다. 별도로 성평등 교육을 할 게 아니라 학교 문화를 바꾸어 변화를 이끌어야 한다. 보호자 모두가 양육에 참여하도록 다양한 시도를 해 볼 수 있다.

문자 발송 서비스에 보호자 모두를 등록하거나(문자 발송 비용이 두 배로 늘어도 사실상 큰 비용이 아니다.) 이런 취지를 밝히고 연락받을 대표 보호자를 지정해 달라고 할 수 있다. 이때 대표 보호자를 한 명만 지정하지 않도록 하면 공식적으로 어머니가 유일한 보호자 역할을 하지 않을 수 있다.

나 역시 보호자와 소통할 일이 있을 때 주로 어머니들에게 연락했는데, 이번 학기에는 취지를 밝히며 보호자 모두와 소통하고자 하나 불편한 경우에는 대표 보호자를 알려 달라고 안내했다. 처음에 입력이 귀찮아도 보호자 모두의 연락처를 휴대전화에 저장해 다친 이야기, 다툰 이야기, 숙제나 준비물에 대한 이야기, 칭찬받을 이야기 등 사소한 연락도 보호자 모두에게 했다. 아빠들은 답장도 잘 보내왔고,

보호자 모임에도 참여했다.

학부모에게 교육 활동을 안내하는 학급 밴드에는 부모 모두를 초대했다. 직장에 다니는 보호자들은 자녀의 학교생활을 이해하고 자녀와의 소통에 도움이 된다면서 고마워했고, 적극적으로 반응하는 아버지들도 많았고 할아버지도 계셨다.

학부모회 안에서 여성 보호자와 남성 보호자가 어우러지면 좋겠지만 성비가 불균형한 곳에 소수자로 참석하는 게 쉬운 일이 아니다. 그래서 부자녀 캠프를 열고 아버지들과 취지를 공유한 뒤 아버지회를 조직했다. 2012년부터 지금까지 탄탄하게 자치가 이루어지고 있다. 수년째 만나는 아버지와 학생들을 보면 처음의 어색한 모습은 간데없고, 자녀가 사춘기를 맞이한 시기에도 대화가 수월하고 관계가 좋다고 한다. 처음에는 자녀들과 함께하는 놀이, 운동, 야영 등을 주로 하고 부모 교육을 한 번씩 준비했다. 그런데 이제는 스스로 야간 방범단을 만들어 봉사하고 학교 축제나 마을 행사에도 참여한다. 학교 교육에도 관심이 커져서 학교에서 부모와 소통하는 자리를 마련하면 적극적으로 참여한다. 상담 주간에 부부가 함께 오거나 토론회에도 참석하고, 학부모회나 학교 운영 위원회 활동도 한다.

학부모 상담 주간, 소통의 장, 부모 교육 등은 아침과 낮 활동을 선호하는 주부들과 직장 생활로 낮 시간 활용이 어려운 보호자들을 고려해 시간대를 다양하게 운영할 필요가 있다. 아울러 퇴근 시간 이후에 저녁 근무를 해야 하는 교사를 배려할 방법도 있을 것이다. 상담 주간 중 이틀 정도만 저녁 상담의 날로 정한다거나 토론회나 부모 교육을 낮에 한 번, 저녁에 한 번 진행하여 교사들이 나누어 참석하게 하는 방법도 있다.

우리 학교 학부모회는 어린 자녀를 돌보느라 학교 활동이나 교육에 참여하기 어려운 보호자를 배려해 올해부터 학부모 행사 시 탁아방도 운영한다. 간편한 탁아방 운영 방법을 예로 들면, 교사나 학부모 자원자를 두고 도서관에서 책을 읽게 하거나, 몇 개의 교실에 각각 다른 영화를 틀어 놓고 선택 관람하게 하는 것이다. 참고로 탁아방이 행사장과 너무 가까우면 아이들이 보호자를 자주 찾아와 분위기가 흐트러지므로 공간적으로 조금 떨어진 편이 낫다.

집안일은 누구의 일인가

〈냉장고를 부탁해〉라는 프로그램을 보면 남성 출연자가 나올 때 아내나 어머니의 냉장고 정리 솜씨, 음식 솜씨를 평가하는 멘트가 쏟아져 나온다. 하지만 여성 출연자가 나올 때는 남편이나 아버지의 냉장고 정리 솜씨, 음식 솜씨를 묻지 않는다.

사회에서 보호자의 기본 값이 엄마인 것처럼 집안일의 기본 값도 아내, 엄마로 설정되어 있다. 이런저런 이유로 집안일의 책임이 여성에게 주어지고 남성에게는 '거든다', '돕는다'는 수준으로 주어진다. 간

혹 남성들 중에 집안일이나 육아를 엄청 많이 한다고 억울해하는 경우도 있는데, 대부분은 남성이 할 일을 정해 주고 어떻게 해야 할지 알려 주는 것까지 여성의 몫이다. 집안일을 자기 몫으로 받아들이는 여성들은 어떻게든 그 일을 잘 해내려 하지만, 원래 생각지 않은 남성들은 적극적이지 않기 때문이다.

남성이 벌든 여성이 벌든 외벌이 가정에 자녀가 생겼을 때 돌봄노동 '육아'는 두 사람의 일이 될까, 여성의 일이 될까? 맞벌이 부부에게 자녀가 생겨서 한 사람이 육아 휴직을 하게 되었을 때 그 사람은 육아만 할까, 집안일도 할까? 집안에 환자가 생겼을 때 돌봄노동은 누가 하게 될까?

결혼을 하면 집안일을 나눠 하니 혼자 할 때보다 적게 할 것 같은데, 실상은 그렇지 않다. 보통의 여성들은 배우자가 없을 때보다 가사 노동 시간이 2시간 25분 길어지고 여가 시간은 24분 줄어든다. 맞벌이 가정에서 1일 평균 가사 노동 시간은 여성이 3시간 13분, 남성이 41분이다. 기혼 여성의 가족 돌봄 시간은 미취학 자녀가 없을 시에는 43분, 미취학 자녀가 생길 시에는 3시간 34분이다(2014년 통계청 기준). 삶을 유지하는 데 필수적인 재생산 노동, 자녀로 인해 생기는 가족 돌봄 노동을 아내가 하는 동안 남편은 무엇을 할까?

남편이 외벌이를 하는 경우, 부부의 1일 평균 가사 노동 시간은 여성이 6시간, 남성이 46분이다. 반면 아내가 외벌이를 하는 가정에서 가사 노동 시간은 여성이 2시간 39분, 남편이 1시간 39분이다. 아내가 집안일을 택하거나 휴직, 퇴직을 했을 때 '아내의 기를 살려 줘야 한다.' 는 말은 한 번도 들어 본 적이 없다. 그런데 남편은 어떤 상황에서든 기를 살려 줘야 할 대상으로 얘기된다. 집안일을 하지 않아야 기가 살아난다면 집안일을 하는 사람은 어떤 취급을 받는 것인가.

가사 노동의 가치

근대에 이르러 남성 가부장에게 가정을 꾸리는 데 필요한 임금을 지급하는 '가족 임금' 체계, '남성 생계 부양자 모델'이 정착되면서 여성들은 가정에서 집안일을 도맡게 되었다.(중산층 이하의 가정이라면 여성이 집안일만 할 수는 없었지만 여성은 생계 부양자가 아닌 것으로 취급되어 남성에 비해 상대적으로 저임금을 받았다.) 성별 분업 체계에서 여성의 집안일은 남성 가부장이 '가족 임금'을 받아 오는 데 필수적이지만 '비경제 활동'으로 취급되며 하찮은 대접을 받았다. 여성들은 노동을 쉬지 않고 했지만 여성이 가정에서 하는 일이 '가사 노동', '돌봄노동', '재생산 노동'[4]이라는 이름으로 불리기 시작한 것은 얼마 되지 않았다.

---

4   생산 노동이 가능하도록 일상을 영위하고 가정과 사회가 유지되도록 제공되는 모든 물리적, 신체적, 정신적 서비스를 말한다. 조리, 설거지, 정리 정돈, 청소, 빨래 같은 '가사 노동', 마음을 보살피는 '감정 노동', 가족 구성원을 부양하거나 간호하는 '돌봄 노동', 사회적 재생산, 즉 미래의 생산 노동을 책임질 예비 노동자인 자식들을 낳고 기르는 '양육'과 '교육'을 포함한다.

2018년 통계청에서는 가사 노동의 가치를 임금으로 환산하여 여성의 가사 노동에 시급 9,864원을 매겼다. 이런 통계를 시도한 것은 반갑지만 이 임금으로는 아내와 엄마 역할을 대신해 줄 사람은커녕 가사 도우미도 구하기 어렵다. 현실을 제대로 반영하지 못한 것이다. 게다가 이 통계는 가사 노동의 범주에 요리, 청소, 자녀 돌봄, 간호 등 단순 노동만을 포함하고, 식단을 고민하고 알아보는 일, 물건 값이나 품질을 비교하는 일, 육아와 교육 정보를 수집하고 상담하는 일, 가족의 대소사를 챙기고 관계를 이어 가는 일 등의 가계 경영, 정서적 감정 노동은 전혀 고려하지 않았다.

현 노동 시장의 성차별적 임금 구조가 그대로 반영된 것도 문제다. 대개 남성은 여성에 비해 집안일 전문성이 높지 않은데, 남성의 가사 노동 임금은 13,564원으로 높게 잡혀 있다. 가사 노동 대체 임금 산정에 실제 노동 시장에서의 남녀 임금 격차를 반영한 것이다.

또 통계청은 집안일을 크게 음식 준비, 세탁, 청소, 동식물 돌보기, 상품 구입, 미성년 돌보기, 성인 돌보기 등으로 나눠 임금을 책정할 때 각각의 집안일과 유사한 업종을 뽑아내 대체 임금을 적용하는 방식으로 책정했다. 이 업종들은 주로 저임금 업종이었다. 말하자면 사회에서 주 생계 부양자가 아니라고 판단되는 여성들이 근무하기 때문에 임금이 적게 책정된 업종 혹은 임금이 적어서 경력 단절 여성이 주로 취업하는 업종들을 기준으로 삼았기 때문에 가사 노동의 가치도 저평가되어 버린 억울한 상황이다. 정해진 시간이 없는 육퇴(육아 퇴근), 늘 대기 상태를 유지해야 하는 여성 주부의 삶을 일평균 214분 노동, 시급 9,864원이라고 '퉁' 칠 수는 없다.

매일 먹는 밥과 매일 입는 옷, 언제나 쉴 수 있게 준비된 집이니만큼 학생들과 이야기 나누는 시간을 가져 보자. 집안일은 누구의 일인가? 집안일은 '집 안 사람'의 일로, 여성의 일이 아니다. 공평하지 않은 가사 분담에 대해 학생들은 가족 구성원으로서 이의를 제기하고 자기 몫의 집안일을 해야 한다. 또 저평가된 가사 노동의 가치를 인식하고 그에 걸맞은 인정과 존중의 방법을 고민해야 한다. 학생들이 가사 노동의 가치를 이해한다면, 돈으로 환산되지는 않지만 세상을 풍요롭게 하는 인권 운동, 노동 운동, 시민운동, 봉사 등 공공의 이익과 공동체의 발전에 기여하는 '사회적 가치'도 존중하게 될 것이다.

기계는 여성을 해방시켰을까

빨래는 세탁기가, 청소는 청소기가, 설거지는 식기세척기가 하니까 주부는 집에서 놀고먹는 게 아니냐고 한다. 학교에 컴퓨터가 들어왔다고 한가해지지 않은 것처럼 기술의 발달, 다양한 기계의 개발과 무관하게 가사 노동 시간은 줄지 않았다. 미국의 기술사학자 루스 코완(Ruth Cowan)은 가사 노동을 수월하게 하는 가전제품 때문에 오히려 가사 노동의 양이 늘어났다고 말한다. 일단 기계들이 저절로 돌아가는 것은 아니니까. 세탁 시간을 무려 1/6로 줄여 주어 20세기 최고의 발명품으로 꼽히는 세탁기도 누군가 빨래를 넣어야 작동한다.

가사 노동 안에는 구구절절한 '그림자 노동'이 있다. 세탁된 빨래는 빨래 건조대에 널든 건조기에 넣든 말려야 한다. 마른 옷은 개서 정리를 해야 한다. 또 세탁기의 먼지 거름망에서 먼지를 빼내고, 세탁조 청소를 하고, 세제가 떨어지지 않게 구비하며, 소모품을 주기적으로 갈아 줘야 한다. 세탁기가 고장 나면 서비스 센터를 찾거나 기술자를 불러야 한다. 기계가 오래되면 새로 살 제품을 알아보고 새로운 사용법도 익혀야 한다.

오히려 세탁기는 남편을 해방시켰다고 한다. 가사를 보조하는 기계들이 있기 전에는 큰 힘이 드는 일은 남편과 아내가 같이했다. 그런데 기계의 등장으로 크고 무거운 빨래까지 여성 혼자 할 수 있게 되면서 남편들이 힘을 보태지 않게 되었다. 게다가 세탁이 쉬워지자 그 횟수가 늘어나 오히려 여성의 가사 노동량이 많아지는 결과를 초래했다.

또한 다양해진 가사 보조 기계들과 청결, 위생과 관련된 최신 과학 정보들은 가족 구성원의 가사에 대한 기대와 요구 수준을 높여 그에 따른 가사 노동량도 많아졌다. 한때는 눈에 보이는 것만 제거하면 됐지만 지금은 눈에 보이지 않는 진드기, 미세먼지, 세균까지 없애야 마음이 놓이는 것이다.

과학기술이 발달하더라도 노동의 일부를 간편하게 해 줄 뿐 여성의 삶을 질적으로 변화시키기는 어렵다. 그래서 여성이 과학기술의 발전

과정에 직접적, 간접적으로 참여하여 과학기술의 발전 방향이 여성을 고려하도록 이끌어야 한다는 목소리가 나오고 있는 것이다.

여성에게 추천하는 좋은 직업이란

잘하거나 빨리할 수 있는 일을 하는 것으로 가사 분담을 했다는 남성의 이야기를 들었다. 남편이 하면 한 시간이 걸리는 요리를 아내가 하면 30분이면 되니 효율적인 것 같다. 그런데 모든 여성들이 처음부터 집안일을 잘하는 DNA를 가지고 태어났을까? 나는 그런 DNA가 없는 것 같다. 하지만 잘하지도 않으면서 마음 한구석에는 잘해야 한다는 부담감, 못 배웠거나 못하는 것에 대한 부끄러움, 열심히 하지 않는다는 죄책감이 있다. 잘 정리된 집을 보거나 맛있는 음식을 먹을 때 남성들은 자신의 집안일 솜씨와 비교할까, 아내나 엄마의 집안일 솜씨와 비교할까?

결혼 제도가 없었다면 우리는 여자아이들에게 전혀 다른 교육을 시켰을 게 틀림없다. - 게르트루데 베어

여성들은 어렸을 때부터 어떤 미래를 꿈꾸든 주부의 일은 하게끔 길러진다. 여성에게 시집가서 집안일을 못하면 어떻게 하느냐, 음식

도 못하면 어떻게 하느냐는 핀잔은 너무 익숙한 말이다. 그런데 집안일도 못하고 음식도 못하는 남성은 얼른 장가가라는 권유를 받는다. 대부분의 유아용 매체에서 여성형 캐릭터들은 요리와 간호를 하고 정서적 돌봄과 재생산 노동을 즐긴다. 유아에게 주어지는 장난감부터 성별이 구분되어 있는데, 주방 놀이류는 여아 놀잇감이라는 듯 분홍색이 많다. 학교에서 여학생이 정리 정돈이나 청소를 잘 못하면 여자애가 더럽다는 말을 듣지만 남학생의 경우에는 남자애라 잘 못한다며 용서를 받는다. 기저귀 교환대나 유아용 변기는 주로 여성 화장실에 있고, 공중목욕탕에서도 유아용 목욕 도구가 여탕에 비치되어 있다. 각종 육아 용품 역시 '엄마를 위한' 것으로 홍보된다.

이런 환경에서 자라 왔기 때문에 여성들은 직업이 따로 있든 없든, 아이가 있든 없든 가사 노동에 책임을 느끼거나 그 대체물을 내놓아야 한다. 밥을 안 했으면 사서 먹이기라도 해야 하고, 아이 돌봄이 곤란하면 아이 맡길 사람을 구해야 한다. 한국여성개발원의 조사(2003년)에 따르면 기혼 여성의 97%가 '자신이 가사 노동의 주요 책임자'라고 답했고, 취업을 한 경우에도 가사 책임자는 여성이었다(취업 주부 92%, 전업 주부 98%). 놀이터에서 아이들끼리 놀 때 엄마들이 모여서 하는 얘기는 "저녁에 뭐 먹지?"다. 그런데 우리 동네만이 아니라 전 세계의 여성들이 식사 때마다 무엇을 먹을지를 궁리한다면 너무 끔찍하지 않은가?

그래서 여성에게 추천하는 좋은 직업이란 집안일을 안정적으로 할 수 있고, 출산을 이유로 잘리지 않거나 육아를 잘할 수 있을 것으로 기대되는 일, 경력 단절 후 재취업이 가능하다고 여겨지는, 결과적으로 결혼 시장에서 잘 팔릴 것으로 여겨지는 직업들이다. 심지어 여성이든 그 배우자든 경제적으로 여유가 있는 경우에는 쉽게 그만두고 집에 눌러앉아도 아쉽지 않을 만한 직업도 선호한다. 남성은 절대 이러한 이유로 직업을 권유받지 않는다.

여성은 결혼을 염두에 두는 것만으로 진학과 취업, 직업 활동, 사회 활동, 개인 활동에서 남성과 다른 선택을 할 가능성이 높다. 결혼은 여성으로 하여금 자연스럽게 자아를 지우고 많은 것을 포기하게 하는 수단이 되는 셈이다.

교사들은 학생들에게 집안일이 여성의 일이 아님을 적극적으로 가르쳐야 한다. 가사 노동 안에도 엄연히 성별 분업이 존재한다. 이게 깨지지 않으면 온전하게 집안일을 분담했다고 볼 수 없다. 기초적으로 성 역할과 성 고정관념을 벗어나는 의식의 변화가 필요하다. 학년 초에 학생들에게 성 역할이나 성 고정관념, 성 편견에 대해 가르친 뒤 교과서에서 그런 내용이나 삽화를 찾아보게 하였다. 학생들은 짧은 시간 동안 많은 것을 발견했고, 그 후에는 함께 보는 매체나 함께 읽는 도서들에서도 비슷한 성 역할, 성 고정관념, 성 편견을 자연스럽게 찾아냈다.

학교에도 집안일과 비슷한 성격의 재생산 노동들이 있다. 학생들 개개인이 자기 몫을 다할 수 있도록 가르쳐야 한다. 여학생들이 앞서서 하거나 도맡지 않도록 신경도 써야 한다. 앞서도 말했지만 재생산 노동은 '잘하는 사람(?)'이 효율적이고 효과적으로 해낼 것이 아니기 때문이다.

또 교사 혼자 돌보기 힘든 학생을 여학생이 챙기도록 하지 않아야 한다. 남학생들도 청소나 뒷정리, 급식 준비나 정리를 깔끔하게 하도록 지도할 필요가 있다. 그런 차원에서 실과나 기술, 가정 실습을 성별 가리지 않고 성실히 하도록 지도해야 한다.

학생들이 학교나 가정, 사회에서 다른 사람의 재생산 노동을 착취하지 않고 자립할 수 있도록 가르치고 습관화시켜야 한다. 가정에서도 그럴 수 있도록 보호자와 소통해 보자.

수업 주제	**각자가 할 집안일 찾기**
수업 의도	집안일의 종류를 분석하여 눈에 띄지 않는 '그림자 노동', 정서적 노동인 '감정 노동', '돌봄 노동'도 집안일에 해당함을 알게 한다. 집안일 그래프를 가족 구성원별로 그리면서 가정의 집안일이 누구에게 치우쳤는지 확인하고 조화롭게 할 방법과 자신이 할 일을 찾게 한다. 집안일의 종류를 나누어 적고 그래프를 그려서 집안일에도 성 역할이 작용함을 이해하고 성 편견 없이 골고루 조화롭게 할 수 있도록 지도한다.

수업의 흐름

집안일 분석 및 분류하기

▶ 여러분 가정에서 일상적으로 하는 집안일에는 무엇이 있나요?

학생들이 말한 집안일들을 칠판에 모아 적는다. '요리'라고 말하면 '메뉴 계획'이나 '냉장고 정리'같이 그에 따르는 집안일을 함께 적음으로써 집안일이 신경 쓸 것이 많고 간단하지 않다는 것을 보여 준다. 집안일로 인식하기 어려운 '감정 노동'이나 '돌봄 노동'의 범주에 있는 것, 특히 스스로 인식하기 어려운 '자녀 돌봄'과 관련한 사례도 언급한다. 또 '가정 경제'와 관련한 집안일처럼 어른들이 알아서 처리해서 아이들이 잘 모를 만한 것이나 '가족 대소사'나 '김장'처럼 자주 있지 않지만 부담이 되는 일들도 이야기한다. 각자가 할 집안일을 분배하고 집안일을 가르치는 것조차 집안일임을 알려 준다.

▶ 분류한 집안일을 학습지에 적어 보세요.

칠판에 적은 것들은 이후 학습지를 채우는 데 참고할 수 있으며, 아예 학습지도 이런 것들을 놓치지 않게 미리 적어 두어 빈칸 몇 개만 더 채우도록 만들었다. 완성 후 그래프를 만들기 위해 각 소주제별로 색을 다르게 칠하도록 한다.

이렇게나 많은 집안일

정 가운데에는 큰 주제인 '집안일'이 있고, 그 주변에 여덟 가지 주제로 나뉜 집안일이 적혀 있어요.

가운데 표를 둘러싸고 있는 여덟 개의 작은 표에는 주제에 따른 각각의 집안일이 적혀 있어요.

① 작은 표의 중심 주제와 관련 있는 집안일을 생각해서 구체적으로 쓰세요.

② 같은 주제의 아홉 칸을 같은 색 색연필로 연하게 색칠하세요.

　　요리, 설거지 → 빨강 · 정리, 청소 → 주황 · 빨래, 다림질 → 노랑 · 자녀 돌봄, 가족 간호 → 연두 ·

　　동식물 돌보기 → 초록 · 자기 자신 → 하늘 · 상품 구입, 가정 경제 → 파랑 · 기타 → 보라

집안일 그래프 그리기

▶ 우리 집에서는 누가 어떤 집안일을 하고 있을까요? 가족 구성원별 집안일 그래프를 만들어 보세요.

우리 집의 집안일 그래프

① 그래프의 아래 가로축에 집에서 같이 사는 사람들을 쓰세요.
② 한 칸씩 오린 집안일을 그 일을 하는 사람 위쪽으로 붙이세요.
　가족마다 어떤 종류의 집안일을 많이 하는지 보기 쉽게 한 주제씩 오려서 붙이세요.

12					
11					
10					
9					
8					
7					
6					
5					
4					
3					
2					
1					

예를 들어 '냉장고 정리하기'를 아빠가 하면 아빠 위에 붙이는데, 여럿이 하는 경우에는 종이가 부족하기 때문에 종이에 그냥 적도록 한다. 이때 한 번에 다 오리지 말고 가족마다 어떤 종류의 집안일을 많이 하는지 보기 쉽도록 한 주제씩 오려서 붙이도록 한다. 한 주제씩 색을 다르게 칠해 놓았기 때문에 누가 어떤 종류의 집안일을 하는지 한눈에 잘 보인다.

두 학급에서 해 보았는데, 엄마는 가정 주부건 맞벌이 가정이건 그래프가 부족하여 뒷장으로 넘어가는 경우가 허다했고, 부부나 가족이 조화롭게 집안일을 하는 경우도 일부 있었다. 아빠가 엄마보다 집안일을 많이 하는 집은 한 가정뿐이었다.

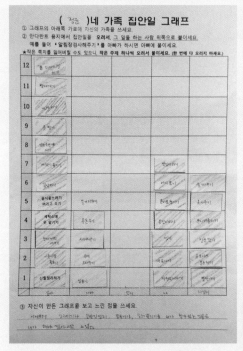

(앞장)

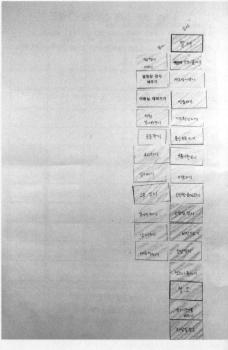

(뒷장)

▶ 활동을 하며 알게 된 점과 느낀 점을 적어 보세요.

학생들은 엄마가 너무 많은 집안일을 한다는 것, 심지어 직장이 있는 경우에도 그렇다는 것을 반성했다. 또 구체적으로 엄마 외 다른 가족 구성원들이 하는 집안일의 양이나 경중에 대해, 조화롭지 못한 집안일 분담에 대해 파악하게 되었다. 또한 스스로도 가족 구성원으로서 충분한 몫을 다하지 않았다는 것을 깨달았다. 사실 엄마가 대부분의 집안일을 하기 때문에 분류가 쓸모없어 보일 수도 있지만 그나마도 남성들이 하는 일의 종류는 일부에 치우쳐 있다. 집안일에도 성별 분업이 존재하는 것이다. 학생들은 주로 자기 자신과 관련된 집안일만 하거나 자기 자신의 일도 남에게 의지하는 것을 발견할 수 있었다.

자기 몫의 집안일 하기, 조화롭게 집안일 하기

③ 집안일 쓰기와 집안일 그래프 만들기를 하며 알게 된 점을 적어 보세요.

_____

_____

_____

④ 집안일 쓰기와 집안일 그래프 만들기를 하며 느낀 점을 적어 보세요.

_____

_____

_____

⑤ 우리 가족이 집안일을 더 조화롭게 할 수 있는 방법을 적어 보세요. 나는 무엇을 할까요?

_____

_____

_____

▶ 집안일은 누구의 일인가요?

집안일은 '집 안 사람들의 일'이다. 삶을 살아가기 위한 각자의 일을 스스로 하지 않으면 누군가 대신 해야 한다는 사실을 알려 준다.

▶ 누군가가 어떤 종류의 집안일을 주로 하거나 너무 많은 집안일을 하지 않도록 우리 가족이 집안일을 더 조화롭게 할 방법을 적어 보세요. 나는 무엇을 할까요?

학생들은 자신이 집안일을 더 하겠다는 의지를 드러낸다. 이때 구체적으로 무엇을 할 것인지 그래프에 체크하도록 한다. 말로만 하는 경우가 많기 때문에 구체적인 계획을 세우게 하여 실천 가능성을 높이는 것이다. 나는 이 활동을 방학 계획을 세울 때 진행해서 방학 과제에 집안일 하기를 넣었다. 학기 중에 한다면 일정 기간 가정과 연계하여 점검하면서 꾸준히 실천하면 좋을 듯하다.

자기 몫을 다하는 것을 넘어서 집안일을 조화롭게 할 수 있는 방법도 찾아본다. 아빠, 오빠, 언니, 동생이 집안일을 너무 하지 않는다고 한 학생들은 아빠, 오빠, 언니와 집안일을 나누어 하자고 어떻게 말할지 생각하고, 동생이 할 수 있는 집안일을 찾고 그 일을 할 수 있도록 가르치고 연습시키도록 했다.

교사에게 드리고 싶은 말

▶ 집안일을 할 때 '돕는다'는 표현을 쓰지 않게 해 주세요.

활동을 마무리하며 학생은 앞으로 집안일을 '돕겠다'고 종종 표현한다. 집안일은 원래 누군가의 일이 아니고, 각자 몫의 집안일을 하는 것이므로 집안일을 할 때 '돕는다'는 표현을 쓰지 않고 "내 몫의 집안일을 하겠다."고 말하도록 유도한다.

수업을 준비할 때 참고하면 좋은 도서

애너벨 크랩, 『아내 가뭄』, 동양북스 ㅣ 주디 와이즈먼, 『테크노 페미니즘』, 궁리
이반 일리치, 『그림자 노동』, 사월의책 ㅣ 조주은, 『기획된 가족』, 서해문집

6월

신경 쓰고 싶다,
너의 연애

나보다 잘하는 것 같지만, 더 '잘하게' 도와줘야 할 '연애'

초등 고학년이면 반에 연애하는 학생이 몇 명은 있다. 금세 헤어지고
또 다른 사람을 만나는 학생들도 있고, 그렇게 금방 헤어지고 사귀자
는 애를 받아 주는 학생도 있다. 사귀는데도 사귀는 건지 아닌지 싶은
커플도 있고, 복도에서 손깍지는 기본이고 후미진 공간을 찾아다니는
커플도 있다(중등 선생님들 얘기를 들으면 이런 건 가벼운 수준이지만). 장난
으로 사귀자고 하는 학생도 있고, 그러다 진짜 커플이 된 경우도 있다.
부모님이 반대해서 헤어지는 커플도 있고, 엄마보다 여친이 좋다며 거
부한 학생도 있다. 만난 지 백일 만에 결혼했다는 친구네 부모님보다
더 오래 사귀는 커플도 있다. 자기 좋아하는 애들이 줄을 섰다고 자랑
하는 학생도 있고, 좋아하는 사람을 만나야 하는지, 좋아해 주는 사람

을 만나야 하는지를 훈수 두는 모쏠(모태쏠로) 친구도 있다. 여러 친구를 사귀다가 "우리 학교에는 괜찮은 애가 없어요. 이제 정신 차렸어요." 하는 학생도 있다. 학생들이 나보고 얘가 나은지, 쟤가 나은지 물어보기도 하고, 나도 가끔 쟤를 왜 사귀냐고 묻기도 한다. 헤어졌을 때는 틈을 봐서 왜 헤어졌는지 슬쩍 물어본다. 나는 너희 때 연애를 안해 봐서 궁금하다며. 물론 연애에 관심 없는 학생도 있다.

아이들이 나보다 빠르긴 하지만, 그렇다고 잘하는지는 모르겠다. 걱정되니 하지 말라고 부모들처럼 종용할 수는 없고, 잘하게 돕고 싶은 마음이 크다. 남의 연애지만 은근히 신경 쓰인다.

"사귈래?"

"그래."

요즘 고백은 큰 노력 없이 성공하는 것 같다. 하지만 정성스러운 노력이 담겨 있더라도 〈서동요〉 식으로 '이 사람은 내 사람이다.'라고 소문을 퍼뜨려 고백해서는 안 된다. 고백은 상대방을 연인 관계로 초대하는 것인데, 그렇게 영역 표시를 하는 것은 동의를 구할 동등한 대상이 아니라 소유물로 인식하는 것이기 때문이다.

오늘날 드라마나 영화에 나오는 로맨스를 따라하는 것도 주의해야 한다. 데이트 폭력에 가까운 행동을 달달한 배경음악이나 클로즈업 같은 극적인 화면 연출을 통해 로맨스로 포장한 것이 많기 때문이다. 실제로 누가 날 사랑한답시고 거칠게 손을 잡아끌거나, 벽에 밀어붙이거나, 포옹하고 입을 맞춘다고 생각하면 로맨스는커녕 무섭고 불쾌한 감정이 크다. 사람이 많은 공개된 장소에서 고백하는 것도 마찬가지다. 자유롭게 의사를 표현하기 부담스러운 상황에서 고백해 놓고 'Yes or Yes'를 기다리는 것은 통보나 다름없다. 답은 정해져 있고 너는 대답만 하면 된다는 '답정너' 식 고백은 상대를 존중하는 방법이 아니다. 연애의 시작 단계부터 상대에 대한 존중을 놓쳐서는 안 된다.

스킨십은 도전 과제가 아니야

학생들의 연애에 관대하지만(남의 사생활에 관대하고 말고 할 주체도 아니지만) 나를 자극하는 몇 가지 모습이 있다. 첫째, 복도에서 울리는 "손잡아!" "손잡아!" 하며 커플의 손을 끌어당기는 모습이다. 사귀는 사이라고 해도 스킨십을 강요하다니! 당장 나가서 친구들에게는 "스킨십이 장난이야? 도전 과제야? 손을 잡든 말든 얘들이 알아서 할 일이지 너희가 왜 참견해!" 하고 소리쳤고, 커플에게는 "절대 누가 시켜서 하지 마."라고 했다.

아이들에게 보여 준 '동의(CONSENT-IT'S SIMPLE AS TEA)'라는 유튜브 영상은 섹스를 상대방과 차를 마시는 것에 비교하여 동의를 설명한다. 요약한 내용은 다음과 같다.

"차 마실래?"라고 물었을 때 상대방이 "좋아!"라고 한다면 상대방이 차를 마시고 싶어 한다는 걸 알 수 있다. 하지만 "음, 잘 모르겠는

억지로 마시게 하지 마세요.

데."라고 한다면, 차를 만드는 것이야 당신 마음이지만 상대방은 당신이 만든 차를 마시지 않을 수 있다는 말이다. 중요한 부분은 상대방이 차를 원하지 않는다면 억지로 마시게 하면 안 된다는 것이다. 처음에는 차를 먹고 싶다고 했다가 정작 차를 만들어 오자 마시기 싫다고 할 수도 있다. 짜증이 나더라도 상대방은 차를 마셔야 할 의무가 없다. 누구나 마음이 변하기도 하고 자기 의견을 바꿀 권리가 있으니까.

만약 상대방에게 의식이 없다면 차 마실 거냐고 물어봤자 대답을 못할 테니 차를 만들면 안 된다. 처음에 물어볼 때는 의식이 있어서 마시겠다고 대답했더라도 차를 만드는 동안 상대방이 의식 불명이 됐다면 안전을 확보해 주어야 한다. 한때 당신과 차를 마셨던 사람이라고 해서 항상 차를 마시고 싶어 할 거라고 생각하는 것도 금물이다. 누군가가 차를 마시기 싫어할 수 있다는 걸 이해한다면 섹스에 대해서도 마찬가지다. 차를 마시는 것도, 섹스를 하는 것도 '동의'가 중요하다.

직접적으로 섹스를 언급하지 않는 '어린이를 위한 동의' 영상도 볼만하다. 이런 영상을 같이 본 학생들과는 대화가 쉽다. "스킨십은 당사자 간의 동의가 필요한데, 다른 사람들이 스킨십을 부추기는 것은 문제가 있어. 그런 것이 문화가 될까 봐 걱정돼. 아까처럼 급박하게 돌아가는 상황이라면 당사자들은 어떤 선택을 할지 충분히 고민하기 어렵잖아." 때로는 스킨십을 부추긴 학생들 중에서 "얘들이 전에 손잡고 싶다고 했어요."라며 억울해하는 학생도 있는데, "전에는 좋았어도 지금 싫을 수 있잖아. 지켜보는 사람이 많다면 거부하기 어렵지 않을까?" 하고 물으면 곧바로 수긍한다. '성적 자기 결정권'은 서로 원해서 손끝이 닿았어도, 손을 잡았더라도, 깍지를 꼈더라도 놓고 싶을 때 놓을 수 있는 것이다. 그것은 누구도 침해해서는 안 된다.

둘째, 연애를 하는 학생이 연애를 하는 친구에게 "손도 안 잡냐?" 류의 말을 하는 모습이다. 그러면 나는 다시 분노하며 "스킨십이 도전 과제야?"라고 말한다. 두 학생은 남학생이었고, 그들의 연애 상대는 여학생이었다. 관계의 다정함을 과시하고 싶은 마음일 수 있지만 여성의 몸에 도전하고 정복하는 문화를 학습한 것 같아 걱정이 앞섰다. 연애하는 친구에게 조언하려면 손잡기 전에 연인에게 의사를 묻고 어떻게 잡는 게 좋은지 물어보라 했어야 한다.

마지막으로 학교에서 껴안고 뽀뽀하는 커플을 처음 봤을 때 얼마나 당황했는지 나도 어쩔 수 없는 '꼰대'인가 하는 자괴감을 주었다. 청소년의 섹슈얼리티와 성적 권리를 지지하는 입장이면서도 불편한 마음이 들자 혼란스러웠다. 평소 나는 스스로 '꼰대'라고 느껴질 때 이것을 성인이 해도 똑같이 느껴지는지 나이 권력을 성찰해 본다. 그런데 보고 싶지 않은 사람들까지 보도록 진한 스킨십을 한다면 다른 사람들의 사적인 영역을 침해하는 것이므로 성인들이 하더라도 환영받을 일은 아니라는 판단이 들었다. 가정에서도 부부가 성적 표현을 드러내는 것이 불편하다면 가족들은 불편한 마음을 내비칠 수 있고, 그러면 부부도 보이지 않게 해야 한다. 학교는 누군가의 성적 표현에 대해 자유롭게 이야기하기 어려운, 여럿이 모인 공공장소다. 공공장소는 분명한 이용 목적이 있으므로, 여럿이 쓰는 장소를 합의하지 않은 용도로 사용하는 것은 문제가 있다. 그렇다고 학교에서 숨을 만한 곳을 찾아다니는 것도 신경이 쓰인다. 교사의 고민만큼이나 전달하는 태도도 중요하다. 가르치려 하지 말고, 깊은 고민을 공유하려는 마음으로 대화를 시도해야 한다.

어느 날, 우리 반 학생들이 학원 친구를 걱정하며 얘기했다. 요즘 남자 친구가 자기 성기를 만져 달라고 한다는 것이다.

"음…… 그래. 서로 좋으면 그럴 수도 있지. 걔는 좋대?"

"아니요."

"싫은 걸 해 달라는 애를 왜 만나. 헤어지라 그래."

"그런데 솔로보다는 사귀는 게 낫대요."

"난 좀 걱정되는데……. 일단 너희가 나한테 배운 거 친구한테 알려 주고 헤어지라고 말해 봐. 그리고 문제 있으면 선생님한테 꼭 얘기하고."

얼굴도 이름도 모르는 그 아이에게 페미니즘 책을 사 줄까 하는 생각도 들었다.

"그런데 너희들 이 얘기 누구한테 들었어?"

"걔한테요. 걔가 다른 친구한테 얘기해서 전해 듣기도 했어요."

"아, 그래. 그런데 다른 친구들한테는 더 말하지 않으면 좋겠어."

사회적 문제로 인식되는 친구의 곤란을 돕고 싶은 마음에 본인에게 직접 들은 이야기를 믿을 만한 사람과 소통하며 방법을 찾는 것과 다른 사람의 사생활 이야기를 재미로 소비하는 가십성 말 전하기는 다르다. 후자는 동의 없는 영상 유포나 마찬가지다. 직접 들은 말이라도 상대방은 자신의 이야기를 들어 주길 바라며 말한 것이지 전하기를 바란 것은 아닐 것이다.

깔끔하게 헤어지기

만나고 싶은 마음이 없어지면 헤어지는 것이 당연하다. 못 헤어지는 게 문제다. 안 좋게 헤어지는 것은 완전 문제다. '어떻게 사귈까?'를 궁리하는 만큼 어떤 헤어짐이 괜찮은지에 대해서는 중요하게 생각하지 않는 것 같다. 한 남성이 여성 연예인과 찍은 사적인 동영상을 공개하겠다고 협박한 일로 학생들은 데이트 폭력, 스토킹, 디지털 성범죄 등에 대해 관심을 갖게 되었고, 헤어질 때나 헤어진 뒤에 갖출 예의에 대해서 함께 대화를 나누었다.

연애란 한 자아와 또 다른 자아가 관계를 맺는 것이다. 따라서 여느 관계와 마찬가지로 서로를 존중하고 보호할 수 있도록 예의를 지켜야 한다. 내밀한 연인 관계에서 둘 사이에 있었던 대화나 행동을 동의 없이 밖으로 꺼내 놓는 것은 예의가 아니다. 사귈 때는 당연한 일이고 헤어져서는 더욱 그렇다. 전해 들은 사람은 본인의 일이 아니기 때문에 더 쉽게 그것을 퍼뜨릴 수 있으니 주의해야 한다.

학생들에게 누구 전 여친이 어쩌고, 누구 전 남친이 어쩌고 하는 얘기도 종종 듣는데, 그럴 때마다 깔끔한 헤어짐이 익숙하고 당연해지도록 이야기한다. 학생들에게 헤어진 전 여친 얘기하지 말라고 하면 "선생님, 저는 얘기 안 해요. 친구들이 하는 거예요." 하면서 억울해하는 학생도 있다. 그러면 당사자의 침묵은 친구들에게 얘기를 계속해도 괜찮다는 암묵적 동의로 비칠 수 있기 때문에 책임감을 가지고 막아야 한다고 말한다.

연애하면서 사진이나 영상을 찍는 것, SNS에 공개하는 것에 대해서도 생각해 볼 기회를 가진다. 서로가 보낸 메시지, 함께 찍은 사진이나 영상은 둘이 보자고 남겨 둔 것이지 상대방이 맘대로 공개해도 좋다고 허락한 것은 아니다. 심지어 동의 없이 사진이나 영상을 찍는 것은 디지털 성범죄다. 그럼에도 성관계나 촬영물을 상대방 허락 없이 온라인에 유포한 범죄는 전체 디지털 성범죄 피해 중 46%에 해당하며, 그 가운데 40%는 전 남자 친구가 가해자라는 통계가 있다(여성 가족부 디지털성범죄 피해 사례 조사, 2017년).

여성가족부 디지털성범죄피해자지원센터 통계에서 가장 많이 피해를 호소한 사례 역시 유포 피해(42.3%)와 불법 촬영(33.7%)이었는데, 불법 촬영자의 74%는 전 배우자나 전 연인 등 친밀한 관계거나 학교나 회사 지인과 같이 서로 '아는 사이'였다. 약 43%는 촬영한다는 걸 알고는 있었지만 유포에는 동의하지 않았고, 찍히는 걸 몰랐던 경우도 57.9%에 달했다.

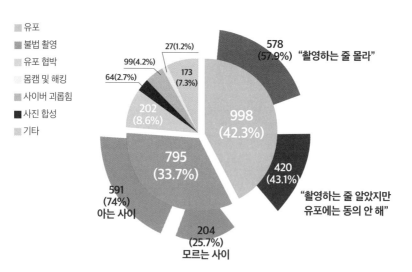

'아는 사람' 74%, "촬영 몰랐다" 58%

여성가족부 디지털성범죄피해자지원센터 통계
(2017년 4월 30일~8월 7일 100일간 접수된 총 피해 건수 2,358건)

- 유포
- 불법 촬영
- 유포 협박
- 몸캠 및 해킹
- 사이버 괴롭힘
- 사진 합성
- 기타

27(1.2%)
99(4.2%)
173 (7.3%)
64(2.7%)
202 (8.6%)
578 (57.9%) "촬영하는 줄 몰라"
998 (42.3%)
795 (33.7%)
420 (43.1%) "촬영하는 줄 알았지만 유포에는 동의 안 해"
591 (74%) 아는 사이
204 (25.7%) 모르는 사이

당시 법에 따르면, 피해자 의사에 반해 촬영하거나 촬영된 영상을 유포하면 5년 이하의 징역이나 1천만 원 이하의 벌금형이고, 합의하에 촬영했어도 피해자가 유포에 동의하지 않았다면 징역 3년이나 500만 원 이하의 벌금형이었지만 징역이나 금고형을 받은 사례는 거의 없었다(8.7%). 대부분 벌금(55%)이나 집행유예(27.8%)에 그쳤기 때문이다(성폭력 범죄의 처벌 등에 관한 특례법 위반 1심 판결 현황, 2012~2017년).

'디지털 성폭력' 피해를 입어 한국사이버성폭력대응센터에 상담을 요청한 사람 중 자살을 언급했던 사람은 전체 1/3에 이른다(2017년). 상담을 요청하지 않은 사람도 많다는 점을 고려하면 불법 촬영 피해로 자살을 시도하거나 자살한 사람의 수는 파악조차 어렵다. 원래 우리나라는 음란물(성 표현물) 유포와 판매가 모두 불법인데, 웹하드 업계 관계자에 따르면 수익을 내는 음란물의 90% 이상이 몰래카메라, 디지털 성범죄 동영상 같은 범죄 영상물이라고 한다.

인간은 망각이라는 기능을 타고났다. 하지만 기록된 영상을 재생할 때는 모두가 망각한 것조차 재현되는데, 디지털 성범죄 피해자에게 있어 영상은 잊고 싶었던 기억과 감정을 다시 현재로 가져오는 장치가 될 수 있다. 특히 사진보다 생생한 영상은 더 강력한 고통을 줄 것이다.

2018년 겨울까지 디지털 성범죄와 관련하여 여섯 차례 이상의 집회가 이어졌고, 디지털 성범죄 근절을 위한 주요 법률들이 줄줄이 국회를 통과해 불법 촬영과 유포 등에 대한 처벌이 강화되었다. 피해 예방이 피해자의 책임이 되어서는 안 된다. 피해를 막기 위한 유일한 방법은 가해자가 가해하지 않는 것이다. 그렇기 때문에 가해 방지에 더 중점을 두어 학생들을 교육해야 한다. 디지털 성범죄와 그 처벌에 대해서도 알려 주어야 하며, 호기심으로 불법 영상물을 찾아보거나 돌려보는 행위 역시 범죄임을 지도해야 한다.

부모님이 알아야 할 것

학생들은 나한테는 시시콜콜 다 말하면서 부모님한테는 비밀이라고 한다. 부모님이 연애하지 말라고 하셨단다. ─아무리 가족이라도 남의 연애에 간섭할 권리는 없다. 하지만 연애로 인해 어떤 일이 생겼을 때 학생이 책임질 수 있는 범위를 넘어서면 부모가 책임을 공유하게 되니 대화를 시도할 수는 있을 것이다. ─걱정하는 마음은 이해한다. 나도 사실 여학생들이 '오빠'를 만난다고 하면 걱정된다. 오빠들에게 미안하지만 남성은 연애나 성에 관한 정보가 많고 정보 교류도 활발하지만, 여성은 자기 몸에 대해서도 이해하지 못하는 경우가 많아 연애의 주도권이 남성에게 쉽게 넘어가기 때문이다. 그리고 뒤에서 다룰 '연애 각본'에 따르더라도 남성이 항상 주체적인 역할을 하게 된다.
　학생이 부모의 반대를 무릅쓰고 연애를 할 때 성에 대한 궁금증과 고민을 누구와 나누게 될까? 성 상담을 할 멘토가 없으면 또래와 나누거나 온라인에서 찾거나 야동이라 불리는 '성 표현물'에서 해결하게 되는데 오히려 문제가 발생할 가능성이 커진다. 부모 또는 안전한 성인에게 적절한 도움을 요청하기도 어려워진다. 나는 보호자들에게 막을 수 없을 바에는 언제든 대화 상대가 되는 것이 낫다고 말한다.

이런 경우도 있다. "연애는 해도 되는데, 뭐는 안 되고, 뭐도 안 돼!" 하지만 이것 역시 우리가 대화 상대가 되고자 한다면 좋은 방법이 아니다. 누군가의 조언이나 도움이 필요할 때, 이도저도 안 된다고 하는 부모와 대화를 나누기는 쉽지 않기 때문이다. 부모는 자녀가 성인이 되면 연애(성관계)를 쿨하게 허락할까? 아니면 이제는 때가 왔다며 뭐라도 가르쳐 줄까? 20년간 안 해 본 얘기를 잘 풀어낼 수 있을까? 무엇부터 가르쳐 줄까? 자녀 입장이라면 부모님과 성 상담을 하고 싶을까? 그 나이에 누가 갑자기 부모님과 그런 이야기를 할까?

몸, 성, 관계…… 자녀의 눈높이에 따라 나눌 이야깃거리는 태산이다. 보호자도 잘 알아야 하고 잘 전달해야 한다. 사회로부터 잘못 습득하기 전에 꾸준히 바르게 알려 주고, 먼저 스며들어야 한다.

'야동'과 진짜 연애는 다르다

신음 소리를 내고 다닌다거나 성행위를 흉내 내는 학생들이 있다는 제보를 듣고 학년에서 성폭력 방지 교육을 하였다. 여성가족부 '청소년 매체 이용 및 유해 환경 실태 조사(2016년)'에 따르면 청소년 15,646명 중 지난 1년간 성인용 영상물을 본 적이 있다고 응답한 청소년은 41.5%이다. 이 가운데 초등학교 5~6학년의 음란물 시청 비중은 16.1%로, 2년 전(7.5%)보다 두 배 이상 늘었다.

혹시라도 '성 표현물'로 연애를 배우고 따라 하면 큰일이다. 우리 반은 성폭력 방지 교육을 하면서 '성 표현물'에 대해서도 교육하려고 페미니스트 교사들의 단체 채팅방에 자료를 요청했다. 솔리 선생님이 참고할 자료를 보내와 '야동의 거짓말'에 대해 알려 주었다.

야동의 거짓말 ① 앙 기모띠~ 기모찌~

일본 야동에 자주 등장하는 말인 "기모띠~ 기모찌~"는 일본어로 "기모찌 이이(気持ちいい)!", 즉 기분이 좋다는 표현이다. 보통 연인과의 성관계에서는 잘 쓰지 않는 말이며, 야동의 영향으로 성매매 관계를 연상시키는 표현이다. 학생들 다수는 유튜브에서 보거나 또래들이 써서 재미로 따라 했을 수 있지만, 몇몇 학생들은 "저는 일본어로 기분 좋다고 말한 건데요?"라고 반박한다. 그러면 야동에 나오는 표현을 써서 듣는 사람에게 성적 불쾌감을 주는 것은 성희롱이라고 알려 준다.

다른 문제는 야동에 나오는 성관계는 주로 평범한 상황이 아니고, 파트너 사이가 대등하지 않거나 폭력적인 경우가 많은데, 이런 모든 상황에도 불구하고 "기모찌~"가 나온다는 것이다. 야동은 폭력적인 행동을 성적 흥분을 일으키는 행동으로 착각하게 만드는 심각한 문제

가 있다. 게다가 야동에 나온 사람과 내 연인은 같은 사람이 아니라는
걸 알아야 한다. 야동을 따라 할 것이 아니라 내 연인이 어떻게 할 때
기분 좋은지 묻고 맞춰 가야 한다.

야동의 거짓말 ② 야메떼

"야메떼(やめて)!"는 일본어로 "그만해!"라는 뜻이다. 일본 야동의
성관계 장면에서는 "야메떼!"를 외쳐도 멈추지 않는다. 하지만 나와
상대방이 기분 좋아야 섹스인 것이지 '야메떼' 이후의 섹스는 성폭행
이다. 더 큰 문제는 야동에서의 '야메떼'는 곧 "기모찌~"로 바뀐다는
것이다. 처음에는 싫어해도 막상 해 보면 좋아한다거나 사실은 좋은
데 싫은 척하는 거라는 성폭력 가해자의 사고를 합리화해 주는 장면
이다. 그만하라는 말을 들었으면 내숭인지 아닌지 판단할 것이 아니
라 그만해야 한다. 나무는 열 번 찍으면 넘어가지만, 사람을 열 번 찍
으려 하면 경찰서에 보내야 한다.

야동의 거짓말 ③ 만나자마자 섹스?

현실의 관계에서 섹스에 이르는 과정은 노력이 필요하지만 야동에
서는 만나자마자 바로 섹스를 한다. 섹스에서 가장 중요한 상대방의
동의를 구하거나 콘돔을 찾아 끼우는 모습도 볼 수 없다. 섹스에서는
"No Means No"뿐 아니라 "Yes Means Yes"임을 인식하고 선택을
존중해야 한다. No는 상대의 인격을 무시하는 것이 아니다.(이 부분에

서 '동의' 영상을 함께 보았다.)

야동의 거짓말 ④ 콘돔은 어디에?

콘돔은 임신과 성병을 동시에 예방할 수 있는 가장 저렴하고 간편하고 쉽게 구할 수 있는 피임 도구다. 어느 한쪽이라도 계획하지 않은 임신이나 성병 감염에 대한 두려움이 있다면 반드시 사용해야 한다. 콘돔을 사용하라는 요구를 거부하고 성관계를 강행했다면 강간이나 마찬가지다. 스위스에서는 성관계 중 '상대방의 동의' 없이 콘돔을 뺀 남자의 행위를 강간으로 인정, 집행유예 12개월을 선고했다.

야동의 거짓말 ⑤ 연출이 아닌 불법 촬영[5]

포르노가 합법인 미국이나 일본 등과 달리 우리나라는 불법이므로 국산 포르노는 100% 불법 촬영물이다. 따라서 유포자는 강력한 처벌을 받는다. 왜곡된 성 문화를 조장하고 연출인지 불법인지도 알 수 없는 야동은 봐서도 안 되고, 공유해서도 안 된다. 이런 영상을 공유하는 친구나 그룹이 있다면 "이건 아니야."라고 말해 줘야 한다.

5   '몰카'라는 말은 가볍다. 엄연한 불법 촬영이다.

연애를 잘한다는 것

연애는 어떻게 하는 것이 잘하는 것일까? 일단 건강하고 만족스러운 연애를 위해서는 연애를 통해 부족한 부분을 채우고 더 나은 사람이 되려 하기보다, 더 온전한 상태로 소중한 누군가와 함께하는 것이 좋다. 연애를 시작하면 대화는 어떻게 나눌지, 데이트는 어떻게 할지, 스킨십은 어떻게 할지 고민스러울 것이다. 연애 초기의 안정되지 않은 관계에서 실패란 헤어짐으로 연결될 수 있으므로 선택은 어렵고 불안하다. 사실 상대방이 무엇을 마음에 들어하는지 직접 물어보면 되는데, 그보다는 다른 사람들이 하는 대로 따라 하는 방법을 택한다. 그 방식이 마음에 썩 들지 않더라도 문화적으로 인정받는 '기본'은 했다고 간주되므로 오히려 안전하다고 여긴다.

다들 비슷비슷하게 연애를 하다 보니 이런 모습을 지칭하는 용어도 있다. 김고연주의 『나의 첫 젠더수업』에 따르면, 배우들이 각본에 따라 대사와 행동을 연기하듯이, 연인들이 이성애 연애 시에 따르는 문화적 문법을 '연애 각본'이라 한다. 연애 각본을 설명한 미국의 사회학자 로스와 슈워츠 이후 미국의 심리학자 로즈와 프리즈도 명확하고 공식적인 데이트 문법이 존재할 뿐 아니라 1950년대 이후 별로 변하지 않았다고 결론 내렸다. 이 각본에서는 남자와 여자의 역할이 다르다. 남자는 대체로 적극적인 행동을, 여자는 소극적인 행동을 한다. 예를 들어 남자는 데이트를 제안하고, 계획을 세우고, 여자를 데리러

가고, 운전을 하고, 돈을 내고, 문을 열어 주고, 집에 데려다준다. 반면 여자는 남자가 주도하기를 기다리고, 남자의 제안을 받아들일지 거절할지를 결정한다.

미국의 연구지만 우리나라도 비슷하고, 기념일 챙기는 건 더한 것 같다. 동화, 드라마, 영화, 광고, SNS 등의 매체에서 다루는 연인의 모습을 보고 자연스럽게 익히는 것이다. 안타까운 사실은 이런 연애 각본에 여성 혐오가 존재하는 점이다. 예를 들어 실제로 여성이 무엇을 바라는지와 관계없이 남성이 여성에게 굉장한 선물을 해 줘야 할 것 같은 부담은 '된장녀' 프레임과 연결된다. 또 관계에서 수동적이고 소극적인 여성의 위치를 재생산하여 평등하지 않은 관계가 된다거나 여성의 주도권이 위축되는 문제도 있다.

내 연인은 각본에 나온 상대가 아니다. 삶의 모습은 다양하다. 익숙한 각본대로 연기하면 잘하는 것처럼 느껴질 수 있지만, 자연스럽거나 충분한 만족감을 주진 못할 것이다. 서로의 캐릭터에 맞는 러브 스토리를 새롭게 만들어 나가야 한다. 상대방의 캐릭터를 잘 모르면 알기 위해 노력해야 한다. 어떻게 살아왔는지, 무엇을 좋아하는지, 어떤 걸 중요하게 생각하는지 물어 가며 서로에게 잘 맞는 스토리를 함께 짜야 한다. 그런 의미에서 연애를 여러 번 했다고 베테랑이 될 수는 없다. 연애는 조금 다른 형태의 관계 맺기이기 때문에 다른 사람을 이해하고 공감하며 배려할 줄 아는 사람, 예의를 갖춰 대화하고 갈등을 평화롭게 해결하는 사람이 조금 유리할 수는 있겠지만 새롭게 시작한 연애는 그 사람과 처음 하는 연애임을 잊어서는 안 된다. 모든 연애는 다 첫 연애다. 새로운 캐릭터와 새로운 러브 스토리를 정성 들여 써 나가야 한다.

7월

성교육,
어디서부터 시작할까?

있는 그대로의 성(性)

도서실에서 가장 꾸준히 인기가 있는 도서는 무엇일까? 바로 '성교육'과 '성격 분석'에 관련된 책이다. 이 두 주제를 가진 책들은 손을 많이 타서 너덜너덜하다. 철학도 자아에 대한 물음에서 시작하듯, '나'를 파악하고자 하는 욕구는 곧 세상을 이해하고자 하는 욕구다. 아이들도 자신의 몸과 정신에 대한 이해를 하고 싶은 것이다.

　국어사전을 활용한 수업을 하다 보면, 학생들이 신체의 각 부분을 설명해 놓은 단어와 삽화가 나오는 부분에 손가락을 끼워 놓고 몰래 계속 들여다보는 것을 볼 수 있다. 더 나아가 다른 친구들에게 보여 주기도 한다. 그런데 그 모습이 낯설지 않다. 어른들도 미용실에서 잡지를 보다가 성과 관련된 내용이 나오면 손가락을 끼워 놓고 몰래 보기도 하니까. 이처럼 성에 대한 궁금증은 꽤나 보편적이며 '이상한' 것이 아니다.

그런데 학교에서 이뤄지는 성교육은 이러한 '성'에 대한 궁금증을 적절하게 해소시켜 주고 있을까? 이제껏 학교에서 받았던, 또는 지금까지도 하고 있는 성교육을 떠올려 보자. 우선 정자와 난자의 모습을 알려 준다. '정자와 난자가 만난다. → 수정체가 된다. → 임신이 된다. → 출산을 한다.' 이 과정을 영상으로 보는데, 영상이 끝날 때 까지 정자와 난자의 모습만 나온다.

또는 학급 학생들을 남자와 여자로 나누어 성교육을 진행한다. 여학생들에게는 생리에 대한 교육을, 남학생들에게는 몽정에 대한 교육을 한다. 남녀 성별을 나눠 받은 성교육은 왠지 이성(異性)에게 말해서는 안 될 비밀을 얻은 것만 같다.

또 원하지 않는 관계에서는 "안 돼요.", "싫어요."라고 말하라고 한다. 어른을 함부로 따라가지 말고, 무슨 일이 있을 때는 바로 보호자에게 말하라고 한다. 그리고 나서 그 상황을 재연한 인형극을 보고, 만화를 그리고, 표어를 그린다.

이러한 성교육은 더 많은 궁금증을 남긴다. "어떻게 난자와 정자가 만나지?" "싫다고 하지 않으면 원하는 건가?" "남자애들(혹은 여자애들)은 무슨 얘기를 들었을까?"

궁금증을 남기는 것은 좋다. 하지만 문제는 성과 관련된 얘기는 어쩐지 부끄러워 숨어서 해야 할 것 같고, 궁금한 내용을 제대로 물으면 안 될 것 같다는 생각만 증폭시킨다는 것이다. 성에 대한 궁금증을 '말하지 않아야 하는 것'으로 여기게 하는 것이 과연 바람직한 성교육일까?

가장 사적인 영역의 성차별

2018년 TENGA(일본의 남성용 자위기구 업체)에서 세계의 주요 지역(18개국)을 대상으로 글로벌 자위행위 실태 조사를 했다. 한국인의 자위 실태를 살펴보면, 성교육 중 자위에 대한 교육을 받은 경험은 전체 18개국 중 15위(16%)로 최하위 수준이었다. 반면 아동과 청소년을 대상으로 자위 교육이 필요하다고 생각하는 사람은 85%에 달했다.

또 하나 주목할 점은 남성과 여성의 자위 차이다. 한국 남성은 여성보다 자위 경험이 약 40% 많았으며, 전체 18개국 중 한국 남성의 자위 경험률은 4위(96%), 한국 여성의 자위 경험률은 14위(56%)를 기록했다. 첫 자위 연령에 있어서도 남성은 평균 16세, 여성은 평균 20세였다. 자위를 꺼리는 이유에서도 성별 간 차이가 있었다. 남성은 '들킬까 봐'가 1위였고, 여성은 '거부감 때문에'가 1위였다.

매스컴의 경우 남성의 자위는 시트콤에서도 다뤄지지만 여성의 자위는 '없는 것'으로 치부된다. 남성이 자위행위를 하다가 걸려서 당황하는 에피소드는 유쾌하게 그려지지만, 여성의 자위는 아예 주제로 다뤄지지 않을뿐더러 주제가 되는 경우에도 일탈행위처럼 심각하게 여겨진다.

교실에서도 마찬가지다. 남학생들이 성과 관련된 언행을 웃으면서 나누는 경우는 흔히 볼 수 있지만, 여학생들끼리 성과 관련된 언행을 웃으며 나누는 경우는 매우 드물다. 심지어는 학교에서 성교를 흉내 내거나 자위행위를 하는 남학생도 심심치 않게 볼 수 있다. (보통은 자신의 서열을 확인하기 위한 경우가 많으며, 필자 또한 학생일 적 수업 시간에 자위행위를 하는 남학생 때문에 곤혹을 겪은 적이 있다.) 이 또한 문제가 불거졌을 때 남학생들의 행위는 '어쩔 수 없는 것' 또는 '짓궂은 행동' 정도로 치부된다. 심각하게 걱정해 봤자 '참 걱정이다.' 수준이지, 그 학생의 성 정체성을 훼손할 만한 취급은 일어나지 않는다. 반면 여학생들의 성적 행위는 '어떻게 여자애가'부터 시작해서 성 정체성과 정조 관념에 의문을 제기하는 순으로 흘러간다.

한편 설문에서도 보여 주듯 성교육에 대한 사람들의 관심이 예전보다 높아졌다. 그에 따라 TV 프로그램이나 유튜브 등 여러 강연과 책에서 성교육을 주제로 다루고 있다. 그러나 여자아이를 위한 성교육은 턱없이 부족하다. 부모들은 아들의 성교육은 적극적으로 고민하지만 딸의 성교육은 언급조차 꺼리며, 딸은 아예 성에 대한 욕구조차 없는 것으로 전제한다. 또한 여아 대상의 성교육은 여전히 욕구의 억제와 순결에 초점이 맞춰져 있다.

전통적으로 여성을 성적으로 억압하는 사회적 기제에는 '성녀·창녀' 프레임이 있다. 여성을 성녀 또는 창녀로 나눠 성녀임을 증명하기 위해 애쓰게 하는 방식이다. 이를 통해 여성을 성적 평가를 당하는 존재로 만듦으로써 남성에게 성적 선택권과 평가권을 쥐여 준다. 여기에 요즈음에는 '쿨(cool)'해 보이도록 애써야 하는 이중고까지 있다. 미디어에서 재생산해 내는 여성의 모습이 성에 대해 적극적이며 스스로 성적 대상화하는 모습을 그려 내고 있기 때문에 그 모습을 재현하며 사회에서 요구하는 여성성을 만들어 내기 위해 노력하는 것이다. 하지만 이 또한 남성에게 성적 선택권과 평가권을 쥐여 준다는 점에는 변함이 없다.

물론 남성에게도 성적 프레임이 적용된다. 성적인 이야기에 관심이 없으면 남성성을 의심받는 식이다. 여성의 경우와 다른 점은 남성성을 증명하기 위해 노력하는 목적이 남성 사회에서 인정을 받는 데 있다는 것이다.

성교육은 어디로 가야 할까?

사회에서 성과 관련된 문제가 있을 때마다 '학교에서 성교육이 제대로 이뤄지지 않는다.'는 비판의 목소리가 높다. 하지만 학교와 사회는 별개로 존재하는 것이 아니라 서로 영향을 주고받는다. 학교가 일방적으로 사회를 변화시킬 수는 없으므로 우리 사회 전체가 성교육의 방향성에 대해 생각할 필요가 있다.

학교는 수많은 사회적 요구의 경연장이다. 시대에 맞는 성교육을 해야 한다는 의견도 피력되지만, 성교육이 과거의 '순결 교육'에 머물길 바라는 요구도 있으며, 더 나아가 '성교육' 자체에 대해 거부감을 보이는 반응도 있다. 교육부나 교육청에서 제작한 성교육 자료에 대한 견해만 다양한 것이 아니라, 각 반에서 자체적으로 이뤄지는 성교육도 보호자의 인식 수준에 따라 반응 차이가 크다. 그 이유는 '어느 정도 합의된' 부분이 굉장히 부족하기 때문이다. 그만큼 사회적으로 성에 대한 담론이 부족했거나 건강하지 못했다는 이야기다.

하지만 이제는 성교육이 민감한 주제라는 이유로 피하기만 해서는 안 된다. 학교에서라도 건강한 '성 담론'이 시작되어야 한다. 성교육 자체에 거부감을 가진 이들은 "요즘 애들은 까졌다."라며 혀를 차기 전에 성교육은 잘 이뤄지고 있는가, 잘 따라가고 있는가를 생각해야 한다. 성 담론을 억압으로만 대하면 가장 사적인 영역의 성차별은 계속해서 이어질 수밖에 없다.

우리가 나아가야 할 성교육의 방향에 대해 두 가지 측면으로 나누어 이야기하고 싶다. 첫 번째는 '몸'이고, 두 번째는 '관계'다. 성교육은 '몸'을 비롯하여 나에 대한 이해, 타인과의 관계에 대한 이해에 대해 다뤄져야 한다.

성에 대한 이해는 몸에 대한 이해에서부터 시작된다. '몸 교육'은 이상적인 몸을 제시하는 것이 아니라 자신의 몸을 인정하는 것에서 출발해야 한다. 지금까지의 성교육에서는 '이상적'이라고 생각되는 몸을 보여 주는 방식이 전부였다. 그러한 성교육은 사회적으로 제시한 기준과 다른 자신의 몸을 부정하거나 수정하고 싶어 하는 방식으로 이어질 수밖에 없고, 나아가 타인의 몸도 사회적 기준에 맞추어 평가하게 된다.

먼저 외부 성기에 대해서 다뤄져야 한다. 지금까지의 성교육에서는 주로 내부 성기에 대해 다뤘다. 하지만 살면서 우리가 내부 성기를 볼 일은 없다. 난자와 정자를 맨눈으로 볼 수 있는가? 난소와 전립선을 우리 눈으로 볼 일이 있는가? 따라서 소음순과 음경부터 다루고, 그 형태 등은 사람마다 다양함을 말해 줘야 한다. 여성과 남성의 성기가 비슷한 점도 있고, 다른 점도 있다는 사실을 알아야 한다.

스킨십은 '동의'를 얻어야 하는 부분임을 알려 줘야 한다. '거부 의사를 밝히면 하지 않는 것'이 아닌, '의사를 묻고 동의가 있어야 하는 것'임을 알게 해야 한다. "싫어요!"라고 말해야 한다는 성교육만으로는 서로의 몸을 존중하기 어렵다. "적극적인 거부 표현이 없어서 동의하는 것으로 알았다."는 말이 가해자 입에서 나오고, 이 말에 어느 정도 동의하는 사람들이 있다. 이는 원치 않으면 "싫어요!"라고 말하라고 가르치는 성교육의 폐해일 수 있다. 본질을 회피하는 성교육이 아니라 자신의 몸을 진정으로 이해하는 성교육, 가해자가 되지 않기 위한 성교육이 필요한 때다. 성은 자신에 대한 이해이자 다른 사람을 이해하는 방식이라는 전제 아래 건강한 성교육이 이뤄졌으면 하는 바람이다.

학년에 따른 성교육의 커리큘럼을 간단히 구성해 보았다.

기초 내용	중학년	고학년
외부 성기(몸 교육)	생리, 몽정	사정, 발기
스킨십(경계존중교육, 동의)	2차 성징	자위
주도성	사춘기	계획 섹스(콘돔, 피임)
대화·합의, 거절		스킨십(연애)
피해 인지 교육/가해 예방		질의응답
교육		
미디어 교육		

＊기초 내용은 학년에 맞게 심화 및 반복되어야 한다.

이제까지의 우리나라 성교육은 내부 생식기 교육으로 이뤄졌다. 예를 들어 여성의 생식기로 자궁(포궁), 나팔관 등을 소개한다. 이러한 기관들은 평소에는 보이지 않기 때문에 없는 것처럼 인식되며 살아간다. 2차 성징 전의 어린이들은 더더욱 그렇다.

또한 남성의 외부 생식기는 눈으로 쉽게 볼 수 있지만 여성의 외부 생식기는 눈으로 보기 어렵다. 외부 생식기를 따로 살펴볼 생각을 하지 않으면, 성별을 나누는 기준을 '남성의 생식기 유무'로 생각하기 쉽다. 여성을 '남성의 생식기를 갖고 있지 않은 사람'으로 생각하게 된다는 것이다. 하지만 여성과 남성 모두 생식기를 가지고 있으며, 형태만 다를 뿐 같은 기관에서 분화되며 같은 기능을 하는 신체의 일부분이다.

외부 생식기 교육은 몸을 성적 대상화하기 전인 저학년 시기에 하는 것이 좋다고 생각한다. 3학년을 대상으로 외부 생식기 교육을 했을 때, 학생들은 자기 몸에 대해 알아 간다는 사실 때문인지 수업에 열심히 임했다. 교사가 먼저 부끄러워하거나 주저하는 모습을 보이지 않으면 학생들은 몸을 있는 그대로 받아들인다.

외부 생식기 교육을 할 때에는 정확한 명칭의 중요성도 생각해야 한다. 저학년 학생들은 '고추'나 '잠지' 등의 유아어로 생식기를 칭한다. 이러한 명칭은 실제의 생식기를 이해하는 데 애매한 점이 있다. 자기 몸의 정확한 명칭과 구조를 알아야 내 몸에 대한 주체성이 생긴다. 생식기에 이상이 있어 설명할 때에, 또는 성관계 상황에서 원하는 것이 있을 때에 정확하게 말하고 요구할 수 있기 때문이다. 병원에 가서 "배가 아파요."보다는 "윗배가 콕콕 찌르고 쥐어짜는 듯이 아파요."라고 해야 더 정확한 진단이 가능하다. 아주 어렸을 때는 배가 아파도 화장실에 가고 싶어서인지 배탈이 나서인지 알아채지 못한다. 따라서 내 몸에 대해 차차 알아 가는 과정과 이를 옆에서 도와주는 과정이 필요하다. 외부 생식기 교육을 통해 학생들이 정확한 명칭을 알면 나중에 진행되는 성교육에서도 유용하게 사용할 수 있다.

'스킨십 교육'을 커리큘럼에 두 번 넣었는데, 저학년에서의 스킨십 교육과 고학년에서의 스킨십 교육은 다소 달랐다. 저학년의 스킨십 교육에서는 다른 사람과 나 사이에는 관계에 따른 적절한 거리를 유지해야 하며 스킨십을 할 때에도 동의가 필요하다고 교육한다. 고학년의 스킨십 교육은 '연애 교육'이다. 연애는 나와 상대 사이의 간격을 좁히는 일이다. '연애는 이래야 한다.'라는 생각 때문에 원하지 않는데도 스킨십을 하는 경우가 있다. 연애 관계에서 스킨십을 할 때에는 어떻게 해야 하는지 함께 고민해 볼 필요가 있다.

예전에는 아동 학대를 당하면서도 그것이 아동 학대인지 모르는 어린이들이 많았다. 요즈음에는 아동 학대 예방 교육을 통해 옷을 벗겨 집 밖으로 내쫓는다거나 폭력을 쓰는 학대가 있을 경우 도움을 요청하라고 가르친다. '학교 폭력'도 마찬가지다. 예전에는 "나 괴롭히지 마."라고 말하던 것을 "이거 학교 폭력이야. 하지 마."라고 말할 수 있게 되었다. '명칭'이 생긴 것이다. 피해 인지 교육도 같은 맥락에서 필요하다. 왠지 불쾌했던 경험들에 이름을 붙여 줘야 한다.

가해 예방 교육도 필요하다. 초등 고학년만 되어도 몇몇 학생들이 성행위를 흉내 내는 것을 어렵지 않게 볼 수 있다. 성적 수치심을 안겨 주는 것이 어떤 의미인지 본능적으로 알고 있는 것이다. 이것은 명백한 잘못이며, 다른 사람의 인권을 침해하는 행위임을 알려 주는 계기로 삼아야 한다.

독일에서는 성교육을 질의응답으로 교육한다. 물론 질의응답 속에서 이론과 실습이 함께 이뤄지겠지만. 하지만 우리 교실의 학생들은 비슷한 수준의 성 지식을 갖고 있는 것이 아니어서 서로 어느 수준으로 이야기가 가능한지 수업을 통해 합의하는 과정이 선행되어야 한다.

그럼에도 질의응답은 꼭 필요한 과정이다. 학생들은 굉장히 많은 것을 궁금해한다. 처녀막(질 주름)은 진짜 있는 것인지, 성기의 크기는 어때야 하는지, 야동을 보는 건 괜찮은지 등등 질의응답에만 많은 시간이 필요하다. 하지만 하나하나 학생들의 삶과 맞닿아 있는 문제들이기에 함께 고민해 나가야 한다.

나는 어릴 적 성교육 시간에 임신을 하면 하얀 액이 팬티에 묻어 나온다고 배웠다. 그런데 얼마 지나지 않아서 팬티에 하얀 액이 묻어 나오는 것이다. 나는 '이게 임신인가?' 하고 심각하게 고민했었다. 그러고 나서 곧 초경을 했다. 이제까지의 성교육이 아이들의 삶과 동떨어진 '임신·출산·순결·낙태 공포' 위주로 이루어졌던 것의 폐해다. 그때 나는 이미 고학년이었고 성교육을 받았지만 어떻게 해야 정자와 난자가 만나는지, 나의 몸에서 무슨 일이 일어나고 있는지, 나의 몸이 어떤 구조로 이뤄져 있는지 전혀 몰랐다. 우리 아이들에게는 삶과 가까운, '나'의 몸에서 출발한 주체적인 성교육이 반드시 필요하다.

콘돔 좀 미리 배우자

6학년 학생들과 성교육을 차근차근 해 나가면서 우리가 진지하게 활동할 수 있을 때가 되면 콘돔 실습도 하겠다고 했다. 학생들이 초등학교를 졸업하고 중고등학교에 가서도 피임 방법을 제대로 못 배울지 모른다는 생각이 들어 서둘렀다. 페미니즘 독서 모임을 같이하는 중등 가정 선생님에게 피임 실습 키트를 받았다.(인터넷에 피임 교구를 검색하면 세트는 20만 원대로 구입할 수 있다.) 음경 모형 여러 개와 자궁 모형, 콘돔, 루프, 경구 피임약(사전 피임약), 가짜 응급 피임약(사후 피임약), 임신 테스트기가 들어 있었다. 음경 모형의 반은 나무 재질이었고, 반은 실리콘 재질에 피부색을 재현한 모형이었다. 실감나는 모형에 아이들이 당황할까 봐 우선 나무 모형만 쓰기로 했다.

먼저 삽입 섹스에 대해 설명했다.

"여성의 성기는 레고 블록의 아래 부분처럼 안으로 들어간 형태이고, 남성의 성기는 레고 블록의 윗부분처럼 밖으로 튀어나온 형태라서 레고 블록처럼 서로 결합할 수 있어. 남성이 음경을 통해 정자를 내보내는 사정을 하면 여성의 질과 자궁으로 정자가 들어가서 난자를 만나 수정이 되고, 수정란이 자궁에 착상하면 임신이 되는 거야."

단순히 물리적 결합이 아닌, 관계로서 서로의 동의가 있어야 한다는 사실도 짚고 넘어갔다.

"그런데 블록을 억지로 끼우면 되겠어?"

"그건 성폭력이에요!"

"그렇지!"

그러고 나서 피임에 대해 설명했다. 먼저 간편한 피임 도구이자, 성병 예방 도구인 콘돔을 소개했다.

"콘돔은 남성 블록을 얇은 막으로 싸서 정액이 여성 블록 안에 못 들어가게 하는 거야. 성기를 통해서 옮겨질 수 있는 성병도 어느 정도 예방할 수 있지."

그리고 다양한 콘돔 사진과 사용법 그림을 넣은 프레젠테이션과 진지한 시범으로 콘돔에 대해 알려 주었다. 유튜브에 이미 좋은 영상이 많지만, 성인 인증을 해야 볼 수 있다. 그래서 댓글에 청소년은 피임을 하지 말라는 거냐는 성토의 목소리가 달리기도 한다. 피임을 하지 말라는 것이 아니라 청소년의 성관계는 그저 '존재하지만 없는 것'으로 치부하는 것이겠지만 말이다.

120쪽의 내용은 학생들과 알아본 콘돔의 사용법이다.

콘돔 외에 다른 피임 도구들도 보여 주었다. 루프는 자궁에 삽입하는 T자 모양의 작은 도구인데, 자궁 내막에 이물감을 유발하여 수정을 방해하는 방식도 있고, 호르몬 분비로 자궁에 점액을 늘림으로써 난자와 정자가 움직여 만나는 것을 예방하거나 자궁 내막을 위축, 억제시켜 착상을 어렵게 하는 방식도 있다. 루프 삽입은 3~5년 정도 효과가 있어 계속 피임을 원한다면 새로 시술해야 하며, 루프를 제거하면 다시 임신이 가능하다.

경구 피임약(사전 피임약)은 호르몬을 조절하여 난자의 배란을 억제하는 방식으로 피임을 한다. 생리 시작일부터 21일간 먹고 7일 쉬고 다시 21일간 먹고 7일 쉬는 것을 반복한다. 매일 같은 시간에 먹는 것이 좋으며 그렇지 못했을 경우에는 사용법을 참고하여 조치해야 효과가 있다. 피임뿐 아니라 수영이나 여행 등을 위해 생리 주기를 조절하는 용도로도 쓸 수 있고(생리 예정일의 10일 전부터 복용), 생리통이나 월경 과다 등 다른 증상에도 도움이 될 수 있다.

응급 피임약은 피임을 하지 못한 경우 성관계 후에 사용할 수 있는 사후 피임약으로, 배란을 늦추거나 수정란의 착상을 방해하는 약이다. 우리나라는 의사의 처방을 받아야 구입할 수 있다. 보통 성관계 후 12시간 이내 복용하는 것을 권장하며, 72~120시간 이내에 복용한다. 꼭 성폭력의 경우에만 처방되는 것은 아니다.

그 후에는 콘돔 사용 실습을 했다. 혹시 음경 모형을 만지는 것이 불편할 수도 있고, 학생 간에 성희롱적인 메시지들이 오가지는 않을까 걱정되어 실습은 여학생, 남학생을 나눠 했다. 모형의 개수만큼 삼삼오오 모둠을 만들고 콘돔을 주어 원하는 사람이 실습하게 하였다. 학생들은 미끌미끌한 윤활액이 손에 묻어 놀라기도 하고, 냄새를 맡기도 했다. 공기를 빼지 않고 착용시키기도 하고, 콘돔의 안팎을 구분하라고 했는데 실수해서 반대로 끼우기도 했다. 반대로 끼운 걸 발견하면 도로 뒤집어서 끼우지 말고 새것을 꺼내 착용하라고 복습시켰다. 내가 실습용으로 미리 준비해서 가방에 들고 다닌 콘돔은 보관 문제인지, 초박형이어서인지, 모형의 재질 때문인지 아무튼 찢어졌다. 다행히 실습 키트에 있던 콘돔은 찢어지지 않아서 보관과 착용 시 주의해야 한다는 경각심을 일깨워 주었다. 착용 후 벗겨서 버리는 것까지 실습을 마치고 나서 질문을 하라고 했다.

"이걸 어디서 사요? 애들이 사면 이상하게 보지 않아요?"

"얼마예요?"

"발기는 언제 돼요?"

콘돔에 관한 OX 퀴즈

(학생들과 함께 풀어 보세요.)

▶ 콘돔의 피임 확률은 100%이다. (×)

콘돔의 피임 확률은 높지만 100%는 아니다. 사용법에 따라 피임 확률이 떨어질 수 있다.

▶ 콘돔으로 성병을 100% 예방할 수 있다. (△)

음경만 감싸기 때문에 성기 주변에서 옮겨지는 성병까지 예방할 수는 없다. 또한 콘돔의 미세한 구멍을 통과하는 성병 바이러스도 존재한다. 하지만 피임만 가능한 다른 피임 도구와 달리 성병을 95% 정도 예방할 수 있다.

▶ 유통 기한이 지난 콘돔을 사용해도 괜찮다. (×)

오래된 콘돔은 산화되어 고무의 성질을 잃고 딱딱해져 성관계 중에 파손될 수 있다.

▶ 콘돔을 보관하기 좋은 곳은 주머니나 지갑이다. (×)

따뜻한 곳에 콘돔을 보관하면 고무가 산화되어 파손될 수 있다.

▶ 정액이 나오지 않았을 때는 콘돔을 착용하지 않은 음경을 질에 삽입해도 안전하다. (×)

콘돔은 삽입 전에 착용하는 것이다. 사정 전에 착용하는 것이 아니다. 정액 이전에 나오는 쿠퍼액(정액이 잘 나오도록 돕는 액체)에도 정자가 100만 개 포함되어 있다.

▶ 콘돔은 프리사이즈다. 아무거나 사도 잘 맞는다. (×)

옷처럼 자신에게 맞는 콘돔 크기를 선택하자. 길이보다는 지름이 중요한데 음경에 꽉 끼거나 헐겁지 않아야 한다. 크기뿐 아니라 두께(0.01mm 초박형까지), 색깔, 모양, 향기, 재료, 윤활액, 기능 등도 다양하다.

▶ 사정 후 조금 더 분위기를 느끼다 음경을 빼는 것이 좋다. (×)

사정 후 음경은 수축하므로 한참 뒤에 빼면 콘돔이 헐거워져 빠질 수 있다. 사정 직후 콘돔의 링 부분을 잡고 빼도록 한다.

▶ 콘돔을 쓰면 안 쓸 때보다 성관계 시 느낌이 좋지 않다. (△)

경우마다 다르다. 콘돔을 착용했을 때 느낌이 좋다는 사람도 있다. 한쪽은 만족하는데 다른 쪽은 만족하지 못하는 경우는 다른 제품으로 바꿔 써 보자.

▶ 콘돔은 깨끗이 씻어서 재사용해도 괜찮다. (×)

그러지 마라. 깨끗하기도 어렵고, 착용도 어렵고, 윤활액이 제거되어 서로 아플 수 있다.

▶ 콘돔 사용 전에 중요한 것은?

'서로가 확실히 성관계할 의사가 있는가'이다. 콘돔을 착용하고라도 누군가 마음이 변하면 절대 성관계를 해서는 안 된다. 한쪽이라도 임신이나 성병에 대한 두려움을 갖고 있는 성관계도 바람직하지 않다. 상대방을 배려하고 존중하는 것이 가장 우선이다!

이런 행동은 위험해요

착용 전에 콘돔이 정상인지 당기거나 물 풍선처럼 물을 넣어 보거나 풍선처럼 불지 않아요. 무조건 포장에서 뜯은 즉시 그 상태대로 사용하세요.

1. 포장을 뜯어요

포장지를 천천히 뜯어 주세요. 손톱이 닿지 않는 게 좋아요.
세게 뜯으면 **콘돔**이 망가질 수 있어요.

2. 앞뒤를 확인해요

링처럼 말린 부분이 바깥쪽이에요. 말린 부분이 안쪽에 있다면 거꾸로 된 거예요. 거꾸로 끼우면 잘 끼워지지 않아요. 혹시 잘못 끼웠을 때는 뒤집어 쓰지 말고 새것을 쓰세요.

3. 착용해요

볼록 튀어나온 부분은 정액이 나오면 들어갈 공간이에요. 튀어나온 부분을 잡아 공기를 빼고 살짝 비틀어, 발기된 성기에 끼워 주세요. 힘을 빼고 천천히 음경 끝까지 쭉쭉 내려서 착용해 주세요. 공기주머니에 공기가 없는지 확인해 주세요.

4. 사용 후 빼내요

사정 직후에 음경과 콘돔을 동시에 잡고 상대의 몸 밖으로 성기를 뺀 뒤, 링을 잡고 콘돔을 벗겨요. 사정 후 한참 뒤에 빼면 성기가 작아지면서 콘돔이 헐거워져 정액이 흘러나올 수 있어요. 다 쓴 콘돔은 묶고 휴지에 싸서 깔끔하게 버려요.

재사용은 안 돼요!!!

한 번에 하나씩!

출처 : 유튜브 [질앤존슨] 매우 현실적인 콘돔 사용 방법

질의응답 시간의 중요성

사실 학교 안팎에서 제대로 된 성교육이 이뤄진 적이 없다 보니, 성교육을 진행할수록 학생들의 질문은 늘어갔다. 본인이 성에 대해 많이 알고 있다고 생각하는 학생은 잘못 알았던 부분을 정정하기 위해서, 성에 대해 막연한 거부감이 있거나 배경지식이 없어서 고민하던 학생들은 이제야 성에 대한 질문을 할 수 있었기 때문이다. 교실에서부터 성에 대한 질의응답을 자유롭게 할 수 있어야 또 다른 성 담론에서도 주체적인 대화가 가능해진다.

교사가 완벽한 정답을 제시하지 못할 것 같다는 이유로 질의응답을 피하거나 두려워할 필요는 없다. 답변하기 어려운 것이 있다면 학생들과 함께 알아보거나 고민하거나 토론하는 시간으로 활용하면 된다. 쪽지로 질문을 받아서 학생들이 궁금해하는 것부터 이야기를 나눌 수도 있다. 이 방법은 학생들의 다양한 수준 차를 고려하기에 편리하고, 혹시 모를 학생들에 의한 성희롱에 대비할 수도 있다.

교육에서 학생들의 삶으로 넘어가는 구간이 이 질의응답 시간이다. 포괄적 성교육[6]을 가능하게 하는 연결 고리 역할을 하기 때문이다. 따라서 질의응답 시간은 커리큘럼 마지막에라도 반드시 마련해야 한다.

---

6   포괄적 성교육(CSE) : 2018유네스코에서 성교육 국제 지침으로 포괄적 성교육을 제시했다. 존중하는 관계맺기, 권리의 이해와 보호, 젠더규범과 젠더평등, 성폭력과 안전, 건강과 복지, 몸과 2차성징, 섹슈얼리티 등의 개념을 담고 있다.

1~2차시

우리 '몸'을 알아봅시다.

교사용

[활동1] 이름을 맞혀 보세요.

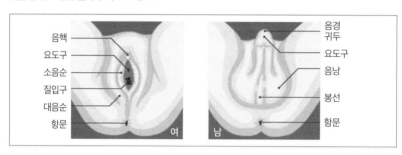

[활동2] 이런 이름이 있고, 이런 역할을 해요.

원래는 같은 기관이었어요. 태아 12 주 때부터 발달하기 시작해요.

이름	하는 일
요도구	오줌 구멍. 오줌보와 연결된 오줌길(요도)의 입구
항문	대변이 나오는 구멍. 대장의 입구
음경	오줌길이자 정액 길인 요도를 감싸고 있는 남성의 생식기
귀두	음경 끝에 둥그렇게 생긴 부분. 남성의 몸에서 예민한 부분이다.
음낭	음경의 시작 쪽에서 주머니처럼 아래로 처져 있는 곳. 여성의 대음순과 같다.
음핵	클리토리스. 여성의 몸에서 예민한 부분이다.
질 입구	자궁으로 연결되는 길인 질 입구
소음순	질 입구를 감싸고 있는 여성의 생식기
대음순	소음순과 클리토리스, 요도구를 감싸고 있는 피부. 남성의 음낭과 같다.

사람마다 눈의 모양이 모두 다르듯, 성기의 모양도 다 양 하 다.

또 성기의 모양이 다양하듯, 자신의 '성'에 대한 생 각 도 다양하다.

우리 몸을 아는 것은 이래서 중요합니다!

(1) 내 '몸'을 알아야 내 몸에 대해서 내가 결정할 수 있어요.

이것을 우리는 자 기 결 정 권 이라고 해요.

(2) 우리 '몸'을 알아야 다른 사람을 이 해 하고 존 중 할 수 있어요.

8월

미디어와
친구로 남는 방법

교실 속에 퍼지는 혐오 표현

"선생님, 제 계정에 누가 악플을 달았어요."

방학 중에 걸려 온 전화였다. 원래 여름 방학의 주된 걱정은 물놀이 안전사고였다. 그러나 요즈음에는 물놀이 사고보다 더 걱정되는 것이 있다. 바로 '인터넷'이다. 방학이 되면 학생들의 인터넷 사용 시간이 크게 늘어나고, 그만큼 여러 사건 사고가 발생한다. 크리에이터로 활동하는 학생들이 증가하면서 혐오 표현을 사용한 악플 공격을 받고 도움을 요청하는 경우도 늘었다. 학생 간에 이뤄지는 것뿐만 아니라 불특정 다수를 상대로 학생들이 가해자이거나 피해자인 경우를 포함한다. 만약 학생이 가해자인 경우에는 법적 미성년자이기 때문에 별다른 처벌 방법이 없어 학교로 연락이 오기도 한다.

"보이루~"

개학식 날 두 명의 학생이 '보이루'라는 말을 반복해서 사용하며 낄낄댔다. 뭔가 이상한 낌새에 검색해 보았는데, 이 말은 '보겸'이라는 유튜버가 자신의 개인 방송에서 자주 쓰는 말이었다. 그를 옹호하는 입장에서는 '보이루'가 '보겸 하이루'라고 하지만, 실상 게임에서 여성 유저가 보이면 '보이루'라는 식으로 인사하는데, '보지 하이루'라는 저속한 뜻을 담고 있었다.

학생들은 그 유튜브 방송이 욕설과 과격한 행동이 많아 좋아 보이지 않았지만, 인기가 많은 채널이라 궁금해서 보다가 자기도 모르게 따라하게 되었다고 했다. 이 학생들은 '보이루'의 뜻을 아는 경우였다. 자신들이 보겸처럼 보이고 싶지는 않기 때문에 쓰지 않겠다고 다짐하였고, 그 뒤로는 쓰지 않았다.

해가 바뀌고, 3학년 아이들을 맡았을 때에도 '보이루'라는 말을 사용하는 아이들이 있었다. 이 친구들은 뜻을 모르고 사용하는 경우였다. 고학년들이 쓰는 것을 보고 자신들도 따라 쓰게 되었다고 했다. 혐오 표현에 대해 설명해 주자 안 쓰겠다고 다짐을 하였다. 방학 중 돌봄 교실에서도 2학년 학생이 '보이루'라는 말을 사용했다. 어떻게 사용하게 되었냐고 물었더니 학원을 같이 다니는 오빠가 알려 줬다고 했다. 그 학생은 앞서 나에게 그 말을 쓰지 않겠다고 다짐했던 우리 반 3학년 학생이었다. 다짐에도 불구하고 여전히 반복적으로 사용하고 있었던 것이다.

뜻을 알고 사용하는 경우도 물론 문제지만, 뜻을 알지 못한 채 아무 문제의식 없이 '보이루', '앙기모띠'와 같은 여성 혐오적 표현이 학생들 사이에서 무분별하게 퍼져 나가고 있다. 최근 교사들 사이에서도 학생들의 혐오 표현이 증가함에 따라 그에 대비하려는 노력이 있다. 학급에서 학생들이 주로 사용하는 표현으로는 다음과 같은 것들이 있다.

보이루	'보지+하이루'의 뜻. '보겸+하이루'의 뜻을 가지고 있다고 하나 '보겸'이라는 유튜버의 콘텐츠가 여성 혐오적 내용을 이미 담고 있음.
엠창	'에미 창년'의 줄임말. 무언가를 다짐할 때 쓴다. 내 말이 거짓말이라면 우리 엄마가 창년이라는 이야기다. 유구한 역사를 가진 혐오 표현이다. 절대 아버지가 '창놈'이 되는 경우는 없다. 남자가 창놈이 되는 것은 모욕이 아니라고 생각하기 때문이다. (유의어: 느금마)
김여사	여성은 운전을 하지 못한다는 편견에서 시작된 말이다. 운전을 잘 못하는 대상이 있을 때에 성별에 관계없이 '김여사'라 칭하며 조롱하는 식으로 쓰인다.
김치녀/된장녀	'돈과 외적인 것을 밝히는 한국 여자'라는 뜻이며, 여자를 음식에 비유하고 있다. 반대말로는 '개념녀'가 있고, 파생어로는 '스시녀'가 있다.
밥도둑	'겨드랑이에 밥 비벼 먹고 싶다.'는 인터넷 성희롱에서 시작된 말이다. '레알 밥도둑'이라는 식으로 사용되며, 성희롱이다. '여기 밥 한 공기 갖다 주세요.' 등으로 응용되기도 한다.
앙기모띠	일본 음란 영상물에서 과장된 표현으로 '기모찌 이이(기분 좋아).'라고 신음 소리를 내는 것을 우스꽝스럽게 흉내 내며 조롱하는 표현이다.

＊이밖에도 '보라니', '전보깨' 등 다양한 혐오 표현이 존재하고 있다.

교사가 학생들이 사용하는 혐오 표현을 알고 모르고는 큰 차이가 있다. '은어'는 집단 밖에 있는 사람들이 알아듣지 못할 때 더 집단을 공고히 하기 때문이다. 또 학생들이 차별적, 희롱적 표현을 대놓고 사용하는데도 교사들이 알지 못하는 상황은 교권 침해로 이어지기도 하며, 평화로운 교실 문화 유지를 위해서도 문제가 된다.

그러나 문제는 혐오 표현이 만들어지는 속도가 매우 빠르다는 데에 있다. 아이들이 쓰는 언어에 귀 기울이고 생경한 말이 있을 때 검색해 보기도 하지만 인터넷 문화에 친숙하지 않은 교사는 쉽게 알아차리기 어렵다. 차선책으로 학급 회의를 통해 '불편한 말은 쓰지 말자.'는 주제 아래 '학급 금지어'를 늘려 가는 방법을 쓰기도 하지만 학급 내에서의 규제만으로 모든 것을 변화시킬 수는 없다. 교실 내에서는 금지어를 사용하지 않더라도 교실을 벗어나면 사용한다는 것이 연속적인 문제다. 결국 학생들이 스스로 생각해서 사용하지 않도록 하는 것이 유일한 해결 방법이다.

그렇다고 혐오 표현을 방치할 수는 없다. 혐오 표현은 실제 현상과 관계없이 혐오를 쉽게 재생산하는 역할을 하기 때문이다. 경찰청에 따르면 여성 운전면허 소지자 비율은 2016년 기준 41.3%이다. 운전자 10명 중 4명이 여성이다. 한편 도로교통공단에 따르면 2016년에 일어난 교통사고 중 여성 운전자 가해 비율은 19.8%였다. 즉, 교통사고 가해자 10명 중 8명이 남성이라는 것이다. 여성은 운전이 서툴고 황당한 사고를 낸다는 의미로 붙인 '김여사'는 사실과 다르며, 여성은 운전을 못한다는 편견을 재생산시키는 단어일 뿐이다.

'보이루' 역시 '여성은 남성 게임 유저에 업혀 간다.'는 차별적 인식을 담고 있는데, 역시 실제 현상과 거리가 있다. 급기야 여성 유저의 승률이나 랭킹이 높으면 '남성이 대신 키워 줬다.'는 조롱을 일삼기도 한다.

'앙기모띠'라는 혐오 표현도 현실과 거리가 있는 포르노식 표현을 통해 여성의 성적 만족감에 대한 왜곡된 시선을 갖게 하고, 성희롱을 일상적인 것으로 만들어 버린다. '보이루', '김치녀', '밥도둑'이라는 혐오 표현은 여성을 '사람'이 아니라 '보지'나 '음식' 정도로 대상화해 함부로 대해도 되는 것이라는 인식을 품게 한다.

이러한 인터넷발 혐오로 인하여 살인 사건까지 일어났다. '왁싱 숍 살인 사건'이 바로 그것이다. 2017년 BJ(Broadcast jacky)남순이라는 유튜버는 왁싱을 받는 것을 콘텐츠로 영상을 제작했다. 왁싱을 받는 것을 마치 성매매하듯 표현한 것도 문제가 되었으나, 왁싱 숍의 위치를 알려 주며 이곳에 여성이 혼자 일을 하고 있다고 말했다. 그 방송을 본 한 시청자가 그 왁싱 숍에 방문하여 살해를 한 사건이 벌어졌다. 해당 BJ는 꾸준히 여성 혐오적 콘텐츠를 제작해 왔고, 여성 혼자 있으니 방문해서 뭐라도 하라는 식으로 언급했기 때문에 책임 소지가 있다고 많은 사람들이 이야기했다. 하지만 2주 정도 방송을 하지 않은 것이 그의 자숙의 전부였다. 강제적인 제재 또한 없었다.

초등학생에게 인기가 많은 BJ신태일의 경우에는 지하철에서 라면을 끓여 먹거나, 사람을 가학적으로 괴롭히거나, 성희롱하는 내용을 콘텐츠로 삼는다. BJ신태일은 한 여성 BJ를 살해하겠다며 찾아가는 방송을 실시간으로 하여 큰 문제를 일으켰다. 하지만 그에게 가해진 처벌은 범칙금 5만 원이 전부였다.

최근 '엘사 게이트'가 미국에서 큰 문제가 되었다. 〈겨울왕국〉의 캐릭터 '엘사' 등 인기가 많은 캐릭터를 이용해 혐오적 내용을 담은 영상을 제작하여 일부러 어린이들이 보게끔 하는 사건이 일어난 것이다. 이러한 영상은 심지어 어린이 전용 키즈 채널에서도 볼 수 있었다. 초등학생은 앞서 말한 BJ들의 구독자 중에서도 큰 비중을 차지한다. 해당 BJ들도 이 사실을 알고 있지만, 구독과 시청은 곧 수익으로 이어지기 때문에 문제의식 없이 자극적인 방송을 계속한다. 실제로 지도했던 학급에서도 보겸, 신태일, 남순의 영상을 모두 구독하는 학생이 있었다.

SNS를 통해서 이러한 혐오는 더욱더 퍼져 나간다. 'SNS상 음란물 합성 성범죄'를 주제로 삼는 SNS 계정도 있다. 주변 사람의 사진을 이 계정에 제공하면, 음란물과 합성하고 성희롱을 달아 공개된 계정에 게시한다. '엄마 몰카'라는 것도 유행이다. 엄마나 선생님을 불법으로 촬영하여 유튜브 등에 업로드하는 것이다. '엄마 엉덩이 만지기', '속옷 공개' 등 수위가 심한 것들도 있어서 문제가 되고 있다. '에스크'라는 SNS는 익명으로 질문을 올리는 계정이다. 2010년대 초반에 유행한 '학교 대나무숲'과 비슷하게 여기면 될 것 같다. 본래의 취지는 '공개적으로 할 수 없는 이야기를 솔직하게 하자'는 것이었으나 익명성 뒤에 숨어 잘못된 소문을 퍼뜨리는 등 여러 문제가 유발되었다.

인터넷의 특성을 등에 업고 혐오 문화가 빠르게 확산되고 있다. 그 중심에는 학생들이 있다. 혐오 문화의 소비자이자 생산자로서, 가해자이자 피해자로서. 단순히 혐오 표현을 금지할 것이 아니라, 혐오에 대해 함께 고민하는 자세가 필요하다.

'미디어 교육' 하면 무엇이 떠오르나요?

2017년 1월 한국언론진흥재단이 발표한 '전국 10대 청소년 미디어 이용 행태' 조사 결과에 따르면 10대 청소년 4명 중 1명은 '유튜브'나 '아프리카TV' 같은 인터넷 개인 방송을 시청하는 것으로 나타났다. 가히 '영상 세대'라 할 만하다. 2018년 교육부 통계[7]에 따르면, '개인방송/유튜버'가 초등학생의 장래 희망으로 새롭게 떠올랐다. 운동선수, 교사, 의사, 요리사에 이어 5위다.

심리학자 멜라니 클라인은 "교육자들과 교육계의 해설자들은 광고 미디어와 놀잇감 산업이 사회화의 생생한 중개자라는 사실을 거의 알아차리지 못한다."고 지적했다.[8] 요즈음 어린이들에게 미디어란 사회화의 도구이자 놀잇감이다. 그러므로 미디어 교육은 미디어를 단순히 '무언가를 쉽게 얻을 수 있는 도구'로만 생각하는 것을 지양해야 한다.

오히려 미디어를 비판적으로 읽고, 맥락을 파악하는 능력을 키워야
한다.

이제껏 미디어 교육은 미디어를 '편리한 도구'로 받아들이는 데만
초점을 맞추었다. 하지만 디지털 시대에 원하는 것들을 쉽게 습득한
아이는 실패나 분노를 받아들이지 못하는 어른으로 자랄 가능성이 크
다. 따라서 어린이들이 스스로 미디어를 판단하는 능력을 키우는 것
이 필요하다.

마샤 킨더 교수는 그의 책에서 "필요한 것은 미디어 이미지를 상호
교류적으로 읽는 방법을 초등학교에서 가르치는 프로그램이다."고 주
장했다. 미디어에 의문을 제기하고, 미디어와 스폰서들이 의도하는 방
향으로 호락호락 넘어가지 않게 할 프로그램이 필요한 것이다.[9]

현재 유튜브나 플랫폼 등에서 자체 심의를 거친다고 하지만, 1초에
400초 분량이 업데이트되는 상황에서 모든 영상을 단속할 수는 없다.
또 그것이 근본적인 해결 방법도 아니기에 학생들 스스로 분별력을
가지도록 제대로 교육해야 한다.

미디어 교육을 할 때에는 교사의 태도가 중요하다. 미디어에 대해

7   2018년 초·중등 진로교육 현황 조사, 교육부·한국직업능력개발원, 2018.
8   페리 노들먼, 『어린이 문학의 즐거움 1』 시공주니어, 2001.
9   Kinder, Marcia. 『Playing with Power in Movies, Television, and Video Games』 (Berkeley, Los Angeles and Oxford, U of California P, 1991).

무조건적으로 부정적인 시선을 보이면 위험하다. 현재를 살아가는 아이들에게 온라인 세상은 오프라인 세상만큼 중요하며, 미디어는 이미 그들의 친구다.

아이가 부모의 마음에 들지 않는 친구와 어울린다고 해서 "저 친구는 나쁘니까 놀지 마."라고 하면 아이에게 반감만 일으킨다. 그 친구의 존재가 아니라 행동에 대해 함께 대화할 수 있어야 한다. "친구의 그런 행동에 대해 어떻게 생각하니?" 미디어를 나쁜 친구로 취급하는 것이 아니라 미디어가 도움이 되는 친구가 될 수 있도록 '함께 고민하는' 시간이 되어야 한다.

나아가 아이들은 더 이상 미디어의 소비자로서만 존재하지 않는다. 아이들은 어엿한 미디어 생산자이기도 하다. 그러므로 미디어 소비자로서의 책임뿐만 아니라 생산자로서의 책임은 어떤 것이 있는지 함께 생각해야 한다.

그 후에 실질적인 실천 방식을 함께 알아보는 것도 필요하다. 컴퓨터실에 가서 함께 유해한 영상을 찾아 '신고하기'를 해 보는 활동도 좋다. '자동 재생 끄기'를 하는 것도 미디어 소비 실천 습관 중 하나다. 학급 내 SNS를 오프라인에서 할 수 있도록 교실 환경을 구성해서 네트워크의 긍정적인 방향을 체험하도록 하는 것도 좋다.

정보 선별 능력을 기르기 위해서는 '분별력'을 기를 수 있는 프로그램도 필요하다. '사이버 성폭력', 'SNS 헛소문' 등을 주제로 하여 역할극으로 표현하는 것도 학생들에게 생각할 수 있는 기회를 제공한다.

사이버 폭력 예방 방송을 만들거나 캠페인 활동을 할 수도 있다.

사회적 가이드라인

여성가족부는 인터넷 개인 방송의 성차별적 이념을 담은 콘텐츠로 피해가 극심해지자, 2018년 11월 토론회를 통해 유튜브 콘텐츠 규제 가이드라인[10]을 설정했다. 행정적 규제 외에 입법을 통한 규제도 필요하지만, 우선 이 가이드라인을 살펴보겠다.

> 개인 방송의 성차별성은 다음을 의미한다.
>
> 1. 성별 고정관념 주장
>
> 2. 여성에 대한 성적 대상화
>
> 3. 여성의 비하 / 모욕
>
> 4. 페미니즘, 성평등 정책에 대한 적대감과 비난
>
> 5. 기타(이미 성평등이 이루어졌고 남성이 역차별을 겪고 있다고 주장하거나 미투 운동을 비난하는 등 성평등 정책을 무효화시키고자 하는 시도)

---

10 "인터넷 개인 방송의 공공성과 사회적 책임성 필요", 여성가족부 공식 블로그 '양성평등'.

정도의 차이, 해석의 차이는 있겠지만 대부분 1~4번에 대해서는 동의하리라 믿는다. 나는 '성차별주의자'라고 떠들고 싶은 사람이 아니라면 말이다. 그런데 본인이 어느 정도 도덕적이라고 생각하는 사람조차 '이미 성평등이 이루어졌고 남성이 역차별을 겪고 있다고 주장하거나 미투 운동을 비난하는 등 성평등 정책을 무효화시키고자 하는 시도'를 아무렇지 않게 하는 경우가 많다. 심지어 이것이 왜 성차별인지 인지하지 못하는 경우도 많다.

'여성 혐오'라 함은 여성을 사회적으로 차별, 배제, 멸시, 성적 대상화하는 맥락 모두를 포함하는 개념이다. 따라서 "나 여자 좋아해. 그러니까 여성 혐오 안 했어. 남자 안 만나겠다는 너희들이 남성 혐오지."라는 말은 사회적 혐오와 차별의 개념을 이해하지 못한 예라고 할 수 있다. 같은 맥락으로 남성에 대한 차별, 배제, 멸시, 성적 대상화는 존재하지 않으며, 남성 혐오라 칭하는 것은 기계론적인 중립이다.

단순히 혐오 표현을 제한하는 것만으로는 안 된다. 학생들에게 혐오 표현이 왜 안 되는지, 혐오 표현이 어떤 영향을 미치는지 알게 하는 것이 더 중요하다. 고운 말을 쓰고 안 쓰고의 문제가 아니라, 인권 문제라는 것을 알아야 하고, 나아가 사회 문제라는 것을 인식할 수 있어야 한다.

미디어의 확산과 온·오프라인 경계의 모호화는 가속화될 것이며, 더 이상 막을 수 없다. 4차원의 인터넷 공간에서 협소한 세계관이 합쳐진 괴물이 더 이상은 양상되지 않기를 바란다. 미디어도 결국은 '사람'

에서부터 시작한다. 우리 사회가 기계화가 될수록 역설적으로 사람의 가치를 잃어버리지 않기 위한 노력은 계속될 것이다. 그 노력은 교육에서 출발해야 한다. 미디어에 대해 의심하고 깨어 있는 시각을 가지게 하고, 사람에게만큼은 따뜻한 공감 지능을 가진 아이들로 자랄 수 있도록 해야 한다. 그것이 미디어 교육의 나아갈 방향이다.

미디어 교육

폭력적인 이미지로부터 우리를 보호하기

▶ 온라인(인터넷, 스마트폰)에서 우리가 잊지 말아야 할 사실

  1. 인터넷에 올리는 것은 내 (개인)적인 일이 아니다.

  2. 올린 내용들이 앞으로도 (지워지지 않을) 것이다.

  3. 인터넷에는 (진짜) 정보와 (가짜) 정보가 섞여 있다.

▶ 인터넷의 폭력적인 이미지들

  – (불법) 촬영 : 상대방의 동의를 얻지 않고 촬영하는 것이다.

> (빨간 원) 프로젝트 : 핸드폰 카메라에 빨간 원 스티커를 붙임으로써
>
> '나는 불법 촬영에 반대합니다.'라는 뜻을 나타내는 캠페인

▶ 미디어의 혐오 표현

  – 유튜브 : 성차별적인 동영상, 자극적이거나 잘못된 BJ의 행동들

▶ 다짐하기

  – 인터넷에 가짜 정보와 진짜 정보가 있는 것을 인지한다.

  – 성차별적인 동영상을 신고한다.

  – 잘못된 미디어를 보지 않는다.

  – 불법 촬영을 하지 않는다.

  – 동영상, 사진을 볼 때에 보호자와 함께 본다.

  – 동영상, 사진을 올릴 때에 다른 사람을 존중한다.

영상에서 '증오심 표현'을 허용하지 않습니다. '증오심 표현'이란 다음과 같은 일부 특성을 문제 삼아 개인이나 집단에 대해 폭력을 조장하거나 적개심을 일으키려는 것이 기본 목적인 콘텐츠를 의미합니다.

집단은 '(인종) 또는 민족, (종교), (장애), (성별), 나이, 성적 지향/ (정체성)'을 말합니다.

▶ 신고하기는 어디에 있을까?

▶ 신고를 하고 난 후 소감을 말해 봅시다.

_____

_____

_____

_____

9월

나의
첫 생리 수업

생리대 찬 남자

페미니즘을 알게 된 건 30대 중반이 되어서다. 그것은 내가 2차 성징을 겪고도 20년이 더 지나서야 겨우 나의 몸에 대해 조금 알게 되었다는 말이다. 페미니즘에 푹 빠진 뒤 핫한 페미니즘 영화, 책들에 눈길이 갔는데, 그때는 생리를 소재로 한 〈피의 연대기〉란 영화가 한창이었다. 하지만 나는 생리통도 크게 없었고 이미 20년간 해 온 생리에 더 궁금하거나 알고 싶은 것이 없어서 한참 뒤에야 독서 모임에서 〈피의 연대기〉 감독이 쓴 『생리 공감』이란 책을 읽게 되었다.

하지만 책을 읽자마자 내가 생리에 대해, 생리를 하는 나의 몸에 대해 아는 것이 별로 없다는 것을 깨달았다. 책을 읽고 나서야 우리가 피를 얼마나 흘리는지 알았고, 더 나은 생리법들을 알았고, 생리를 안

할 수 있다는 사실도 알았다. 생리에 대한 부정적인 메시지들을 받아칠 수 있는 나의 언어도 찾을 수 있었다. 나는 내 학생들이 나처럼 30대나 돼서야 이런 것을 알게 하고 싶지 않았다.

세상의 일부는 생리 중인데 세상은 생리 중인 여자가 없는 것처럼 보인다. 그런 세상이다 보니 "생리 중이냐?"는 모욕적인 표현이 되고, 여성들은 실제로 겪는 불편함마저 솔직하게 표현하지 못한다. 오죽하면 생리대 광고의 전형적인 내용이 생리를 하지 않는 것처럼 할 수 있다는 것이겠는가. 2016년에서야 영국의 생리대 브랜드 바디폼(bodyform)이 붉은색 피를 처음으로 광고에 담아냈고, 국내에서는 2019년 유한킴벌리의 화이트가 출시 25년만에 광고에 붉은색을 사용했다. 처음 TV 광고에서 '생리'라는 말이 등장한 것도 2018년 11월에서다. 입고 싶은 옷을 입고, 하던 일을 마음대로 하고, 샐 걱정 없이 잠들 수 있는 '깨끗하고 맑고 자신 있는 그날' 대신 나트라케어 생리대 광고는 아프고 불안하고 아무것도 하기 싫고 상쾌하지 않은 '진짜 생리'를 보여 주어 화제를 일으켰다. 나는 학생들이 생리를 자연스럽게 받아들이길, 생리로부터 자유롭길 바랐다. 그래서 여성의 몸과 생리에 대해 제대로 교육하고 싶었다. 여학생은 물론 남학생들도 세상의 절반인 여성의 몸을 이해해야 한다고 생각했다.

초등학교 6학년인 우리 반 학생들 중에는 아직 생리를 하지 않는 학생도 많은 것 같았다. 종종 기회가 있을 때마다 성교육을 했는데 궁금한 것이 많아 언제고 날 잡아 다 알려 줄 참이었다. 마침 학교에서 초등성평등연구회 소속 교사에게 '페미니즘 교육' 연수를 받았는데 그 중 '생리 이해 수업 사례'가 포함되었다. 나는 이참에 학생들에게 '생리 이해 교육'을 해야겠다고 결심했다. 국어 시간에 뉴스를 보고 자신의 생각을 이야기하는 수업을 하기로 했는데, 나는 그보다 더 하고 싶은 이벤트가 있었다. 예전에 남학생들에게 생리대 착용 체험을 시키는 성교육 장면을 본 적이 있는데, 그걸 시도해 보고 싶었다. 그래서 뉴스를 보여 주기 전에 이런 대화를 이끌었다.

> **선생님** 얘들아, 피가 나서 밴드를 붙였는데, 밴드에서 피가 배어 나오면 어떻게 해?
>
> **학생 1** 밴드를 갈아요.
>
> **학생 2** 보건실에 가요.
>
> **학생 3** 그 정도는 괜찮지 않아요?
>
> **선생님** 그래서 거즈를 댔는데, 거즈가 젖도록 피가 나오면?
>
> **학생 1** 그건 좀 심한데요?
>
> **선생님** 근데 어떤 학생이 거즈가 흥건하게 젖도록 피가 나서 하루에 몇 번이나 갈아 줘야 했대.
>
> **학생 1** 누가 때린 거예요?
>
> **학생 2** 실화예요? 병원 가야 되지 않아요?
>
> **선생님** 실화야. 좀 심각해 보이지? 근데 그 피가 멈추질 않고 일주일이나 나오는 거야.

학생 1 그럼 죽지 않아요? 무슨 병이에요?

학생 2 수혈 받아야 되지 않나?

선생님 이런 학생도 학교에 다니게 하려면 어떻게 해야 할까?

학생 1 불편하지 않게 배려해야 할 것 같아요.

학생 2 안 아플 때까지 학교를 쉬어야 하지 않나요?

어느덧 따뜻한 염려와 연대의 분위기가 무르익었다.

선생님 그런데 다행히 멈췄어.

학생 1 다행이다. 병명이 뭐예요?

선생님 그게 알고 보니 한 달 지나면 다시 피가 나. 매달 피가 났다가 멈추고 그러다가 50대쯤 되어야 안 그러게 된다는 거야. 이게 뭔지 아는 사람?

이렇게 피가 나는 상황은 폭력이나 사고, 병일 것이라 생각했기 때문에 아이들은 답을 맞히지 못해 안달 났다. "생리야."라고 했을 때 아이들은 벙한 표정이었고, 교실은 시업식 이후 처음으로 조용해졌다. 그러고는 이내 고개를 끄덕였다.

"일주일씩이나 피를 흘리고 축축한 생리대를 하고 있는데 생리해서 예민하냐고 놀리거나 비아냥거리는 사람들도 있어. 당연히 예민할 수밖에 없는 상황이잖아? 그런 태도는 굉장히 무례한 거야."

연수에서 배운 대로 생리에 대한 OX 퀴즈도 하고, 오래전에 종영된 청소년 드라마 〈반올림〉에 나온 옥림이의 첫 생리 축하 장면을 보여 주며 다 같이 깔깔댔다.(옥림이가 생리를 해서 가족들이 패밀리 레스토랑에서 축하하는 장면인데, 남동생은 무슨 날인지 묻다가 혼나고, 잘 살라는 부모님의 어색한 격려 뒤에 케이크와 함께 직원들이 "생리 축하합니다!" 노래를 부르며 등장하는데, 마지막으로 옥림이가 좋아하던 남학생이 노래를 부르며 나타난다. 반올림 시즌1 1회 03을 유튜브에서 검색하면 볼 수 있다.)

그리고 본 수업에 들어갔다. 먼저 보여 준 뉴스는 깔창 생리대 사건 이후 생리대 지원 사업을 논의하던 광주광역시 광산구의회 본회의에서 4선의 박삼용(새누리당) 의원이 '생리대'라는 말이 거북하고 적절치 않으니 '위생대'라고 하자는 발언이 나온 기사였다. 학생들은 '위생대'가 뭐냐며 황당해했다. 다음 내용은 그 의원의 발언 전문이다.

"말씀을 안 드리려고 했는데, 저소득층 생리대라고 하기보다는 그분들에게 청소년이 되었든, 여성들이 되었든 조금 듣기 거북하니까 저희가 권장했던 것은 여성들이나 청소년이 꼭 필요한 위생대, 그러면 대충 다 알아들을 겁니다. 그런데 꼭 본회의장에서 생리대라는 것은 좀 적절치 못한 그런 발언이지 않느냐 이런 생각이 듭니다. 앞으로는 이런 조례안을 심사하실 때 충분히 검토를 해 줬으면 좋겠다는 생각이 듭니다."

이 발언으로 생리에 대한 인식 개선을 촉구하며 인사동 일대에서 '생리대 부착 프로젝트'라고 하여 '피(붉은색 물감)' 묻은 생리대를 내붙인 퍼포먼스성 시위가 벌어졌다. 이 뉴스를 보고 학생들과도 이야기를 나누었다.

다음 날 아침 '생리대 찬 남자' 이벤트를 공지했는데, 우리 반은 남학생 열두 명 중 다섯 명이 참가를 희망했다. 여학생들도 난리였다.

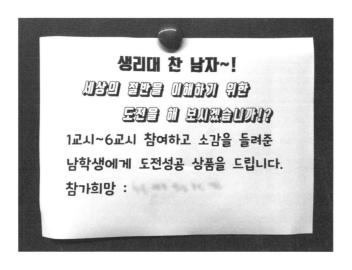

학생 1 저는 아직 생리를 안 하는데 저도 하고 싶어요. 저도 생리대 궁금하단 말이에요.

선생님 너는 언젠가 할 거잖아. 생리대 비싼 거 알지? 생리대 아까워. 궁금하면 집에 가서 엄마 걸로 해.

학생 1 엄마도 아깝다고 못 쓰게 한단 말이에요.

여학생들도 생리를 시작해야 생리대를 처음 접한다는 걸 알았다. 여학생들도 경험해 볼 필요가 있다는 생각이 들었다. 상품도 문제였다.

학생 1 왜 남자애들만 상품 줘요? 우리는 못 하게 하고. 상품은 뭐예요?

학생 2 저는 이미 생리하는데…….

선생님 너희를 이해하기 위한 특별한 도전이잖아. 큰 선물도 아니고 남학생들도 상품 때문에 참여하는 건 원치 않아.

작은 소란 끝에 나는 집에서 가져온 생리대를 보여 주고 펼쳐서 생리대에 대해 기초적인 설명을 해 주었다. 모양은 왜 이런지, 사이즈는 어떤 것들이 있는지, 어떻게 착용하는 건지, 재질은 어떤지, 얼마에 한 번씩 교체하는지, 생리하는 동안 몇 개 정도를 쓰는지, 가격은 어느 정도인지, 그래서 여성이 쓰게 되는 지출은 얼마나 되는지, 생리대 말고 다른 생리 용품은 없는지 등등.

도전자들은 생리대를 받아 화장실에 갔고, 생리를 하는 학생들은 생리대를 적셔서 체험해야 한다고 의견을 내놓았다. 또 꿀렁꿀렁한 덩어리도 넣어야 하고, 빨간 물감 같은 걸 묻혀서 몸에 묻는 것도 알아야 한다고 했다. 오랫동안 우리가 '그날', '그거', '마법'이라며 수줍어하던 이야기를 대놓고 나누는 학급 분위기가 너무 감동적이었다.

화장실에 갔던 아이들은 얼마 후 다리를 벌리고 어기적어기적 불편한 걸음으로 돌아왔다. 여학생이었다면 첫 생리였어도 그렇게 티를 내지는 못했을 것이다. 다섯 명 중 한 명은 먼저 착용한 친구들이 느낌이 이상하다고 하는 말에 착용을 포기한 채 생리대를 버리고 돌아

왔는데, 친구들로부터 비싼 생리대를 버렸다는 비난을 받았다.

선생님 생리대 차니 어떤 느낌이야?

학생 1 똥 싼 느낌이에요. 앉으면 뿔록한 게 닿아요.

학생 2 생리하면 예민해진다는 건 아니고(감동적이게도 내 말을 기억하고 있었다.) 생리하면 예민해지는 느낌을 알겠어요.

학생 3 몸이 무거워진 느낌이에요. 못 뛰겠어요.

학생 4 똑바로 걷기가 어려워요. 사이에 뭔가 있어서요.

학생 5 찝찝해요. 누가 똥침한 것 같아요.

선생님 그래. 우리는 그 상태로 일주일씩 40년 동안 해야 해.

그리고 수업이 끝난 후 쉬는 시간이 되었다. 한 도전자가 밖에 나갔다 돌아오더니 우리 반 여학생이 여자 친구에게 자기가 생리대 찬 걸 소문냈다며 투덜거렸다. 그만두고 싶지는 않은데, 짜증이 난다는 것이다.

"왜? 나는 그런 남자랑 사귀면 너무 행복할 것 같은데!"라는 내 말에 분위기는 반전되었다. 여학생들에게 혹시 남자 친구를 사귀게 되었을 때 이렇게 생리대를 체험하고 너희를 이해해 줄 남자를 만날 일은 거의 없을 것이라고 하니, 도전자는 "맞아!" 하며 살짝 웃음을 되찾았고 아이들은 고개를 끄덕였다. 여학생들은 놀린 게 아니라 그냥 말한 것뿐이라고 했지만 다른 사람의 몸에 대해서 알고 싶지 않은 정보를 함부로 말하면 안 된다는 사실을 알게 됐다.

점심시간쯤 "이젠 좀 편해요." 하는 학생도 있었고 "떼면 안 돼요?" 했다가 "그냥 할게요!" 하는 학생도 있었다. 월드컵 이후 한참 축구에 매진하던 도전자들은 난처해하면서 운동장으로 나갔다. 축구를 하고 돌아온 도전자는 공을 잘 못 차겠어서 오늘은 골키퍼를 했다고 했다. 다른 옵션이나 미션을 주지 않아도 생리대를 착용한 것만으로 아이들은 생리하는 여성의 일상을 공유하고 우리에게 들려주었다.

6교시를 마치고 도전에 성공한 친구들은 생리대를 떼고 돌아왔다.

선생님　오늘 6교시 동안 생리대를 해 보니 어땠어? 못 해 본 친구들이 많으니까 경험을 구체적으로 말해 주면 좋겠어.

학생 1　굉장히 찝찝하고요, 이걸 차기만 해도 기분이 나빴어요.

학생 2　찝찝하고 가려웠어요. 축구할 때 공을 잘 못 차겠어요. 그래서 오늘 골키퍼를 했어요.

학생 3　저도 굉장히 찝찝하고 걸을 때 달라붙는 느낌이 들어서 불편했어요. 여러 사람에게 생리한다는 소문이 퍼졌을 때 화났어요.

학생 4　걸을 때 똑바로 걸을 수가 없었어요. 똥 싼 느낌, 뭔가 있는 느낌이었어요. 적응되었을 때는 괜찮았고 의자에 앉을 때는 푹신했어요.

선생님　생리대를 떼니 어때?

학생 1 답답한 게 풀렸어요.

학생 2 증~말 시원했어요.

그동안 여학생들이 대놓고 말하지 못했던 이야기들, 다양한 생리 경험을 우리는 도전자들 덕분에 나눌 수 있었다.

"오늘은 진짜 생리가 아니었지만 진짜 생리를 하면 다른 불편한 것들도 생겨요. 생리대 안에는 피를 빨리 흡수해서 흐르지 않게 하는 흡수체가 들어 있는데, 생리혈과 만나면 화학 작용이 일어나서 그냥 피를 흘릴 때와 다르게 냄새가 날 수 있어요. 또 피가 생각보다 많이 나와서 옷이나 이불에 묻거나 의자에 묻을 수도 있어요. 선생님도 육아 휴직하고 다시 학교로 복직하면서 몸이 힘들어서 생리 양이나 주기가 많이 달라졌어요. 한번은 학교에서 생리가 샜는데, 갖다 놓은 옷도 없었어요. 화장실에 확인하러 갈 때까지 복도를 걸으며 남들이 알아챌까 봐 쑥스러웠지요. 만약 친구가 그렇다면 어떻게 하고 싶어요?"

이 부분을 이야기할 때는 조심스러웠다. 하지만 생리는 부끄럽고 가려야 할 것이 아니라는 사실을 알려 주고, 실질적으로 느끼는 불편함도 이야기하고 싶었다.

아이들은 이렇게 말했다.

학생 1 모르는 척할 거예요.(이 말은 평소 눈치가 부족하다고 느낀 남학생이 가장 먼저 크게 외쳐서 나는 감동했다.)

학생 2 겉옷을 벗어서 가려 줄 거예요.

학생 3 친구가 화장실 갈 때 티 나지 않게 친구 뒤를 가려 주면서 움직일 거예요.

학생 4 저는 가방을 아래로 내려서 메고 다닐 거예요.

가려야 한다는 생각에서 크게 벗어나지는 못했다. 내가 바라는 것은 놀림받을 걸 걱정하지 않아도 되는 문화였다. 생리혈은 자연스러운 것, 비쳐도 아무렇지 않고 특별하지 않은 것, 무릎이 까져서 나는 피와 마찬가지로 가려 주지 않아도 되는 것으로 인식되었으면 한다. 그래서 나도 익숙하진 않지만 학교에서 전과 다르게 탐폰이나 생리대를 보이게 들고 다니기도 하고, 남교사가 있는 동학년 모임에서도 생리 중이라거나 생리가 샜다는 이야기를 공공연히 하려고 애쓴다.

도전에 성공한 학생들에게 약속대로 작은 간식에 고마움과 더불어 앞으로 여성을 더 공감해 주길 바란다는 내용의 손편지를 붙여 선물하고 종례를 마쳤다. 방과 후에 청소하는 여학생들에게 오늘 체험을 지켜본 소감을 물었다.

학생 1 우리를 이해해 줄 수 있을 거라는 믿음이 생겼어요.

학생 2 6교시까지 버텨 줘서 대견했어요.

학생 3 여자의 기분을 느껴 보니까 놀리면 안 될 거 같다고 하는 말을 듣고 웃었어요.

학생 4 짝이 생리를 하냐고 물어서 안 한다고 했더니 좋겠대요.

남학생이었던 짝이 생리를 하냐고 물어서 대답을 했다는데, 그 질문이 불편했냐고 물으니까 그렇지는 않았다고 했다. 나는 6학년 때 처음 성교육을 받았는데, 그때 남자, 여자 분리해서 각각 다른 반에 모이게 했다. 아마 여교사가 여학생을, 남교사가 남학생을 교육했을 것이다. 생리대 하나 보여 주지 않는 성교육을 받았는데도, 우리가 배운 것이 일급비밀이라도 되는 듯 그에 대한 질문이나 대화는 서로 하지 않았다. 마치 그 시간은 없었던 시간 같았다. 그런데 이런 이야기를 이성 친구와 수치심 없이 자연스럽게 할 수 있었다니 살짝 놀랐다. 사실 우리는 서로에 대해 더 잘 알아야 하는데…….

한편, 아직 생리를 시작하지 않은 여학생의 소감도 인상적이었다.

학생 물도 안 묻힌 상태에서 불편하다고 하니까 진짜 피가 나오면 불편할 거 같아서 걱정됐어요.

여학생들이 생리에 대해 공포를 느낄 수 있다는 걸 깨달았고 자연스러운 일에 공포를 느껴서는 안 된다고 생각했다. 일반적인 첫 생리 시기가 이전 세대보다 앞당겨진 만큼 생리 교육도 초등 고학년이 아닌 저학년, 중학년부터 단계별로 해야 한다.

학교는 준비가 되어 있을까? 학교에는 필수로 해야 하는 성교육 시간이 있기 때문에 담임이나 각 교과 교사 모두 성에 대한 지식과 태도를 가르칠 수 있어야 하지만 필요하고, 담임이나 각 교과 교사들도 성에 대한 지식과 태도를 가르칠 수 있어야 한다. 하지만 대부분 자신이 학교에 다닐 때도, 교사가 되는 과정에서도, 교사가 되고 나서도 성교육을 제대로 받지 못했기 때문에 학생들을 가르치거나 다양한 질문에 대답하기 어렵다. 그러니 의지가 있는 교사가 아니면 성교육에 시간을 할애하지 않는다. 보건 시간에 잠깐 배우는 것만으로는 우리의 몸에 대해 충분히 알 수 없고, 몸을 대하는 바른 태도를 익힐 수 없다. 엉터리 성교육 표준안 말고 학년별 성교육 과정과 교사들이 제대로 성교육을 할 수 있게 지원하는 대책이 필요하다.

이날 수업 내용을 학급 밴드에 올렸을 때 학부모들의 반응은 아주 뜨거웠다.

도전한 학생의 부모님 댓글

💬 선생님, 정말 멋지시네요. 아들 키우는 엄마지만 이런 생리학적 현상을 알려 주고 싶어도 설명하기가 민망했었거든요. 백 번 듣는 것이 한 번 보는 것만 못하다는 속담이 마음에 와닿네요. 감사합니다.

💬 우리 ○○도 학교에서 돌아오는 길에 전화해서 생리대 도전을 했다며 이런 저런 얘기를 해 주네요. 경험만큼 값진 게 없죠. 항상 감사드립니다.

남학생의 부모님 댓글

💬 ○○도 여동생이 있어 가끔 생리할 때 느낌이나 불편함에 대해 얘기하는 편이었는데, 선생님께서 아이들에게 직접 체험도 시켜 주시고(호응해 주는 아이들도 대견하고) 좋은 경험인 것 같아요. 선생님, 멋지십니다.

💬 그 수업 너무 좋은데요. 또래 다른 아이들도 다 받게 하면 어떨까요?

여학생의 부모님 댓글

💬 ○○가 아직 생리 전이라 어떻게 설명해 줄까 고민이었는데 아이들과 함께 간접적으로나마 알게 해 주셔서 감사합니다. 체험한 친구들 너무 멋있어요. 선생님, 아이들이 부끄럽지 않도록 쉽게 잘 설명해 주셔서 너무 감사합니다.

그날 한 도전자의 엄마는 아이가 집에 와서 "엄마도 생리해?"라고 묻기에 그렇다고 답했더니 "힘들겠다."고 했단다. 열세 살이 되도록 엄마가 생리하는 줄도 모르던 아이의 한마디에 마음이 따뜻해진 어머니는 우리 반의 수업 사례를 전체 학부모 간담회에서 이야기하셨다.

나는 여러 사람들의 긍정적인 반응에 고무되어 우리 학교의 1학기 말 교육 활동 자율 발표 시간에 이 내용을 포함한 페미니즘 수업 내용을 발표했다. "짧아서 아쉽다.", "다음에 또 해 달라."는 말들과 함께 이런 메시지를 받았다.

💬 선생님! 저번에 연수해 주신 내용이 좋아서 친구들한테 말해 줬는데 친구들이 자세히 물어보더라고요! 남학생들 생리 체험해 보는 아이디어가 너무 놀랍다면서요. 혹시 그 내용 관련 PPT 보내 줄 수 있을까요? 친구들이 그 장면을 보면 이해하기 쉬울 것 같아서요!

💬 어제 페미니즘 프로젝트 수업 정말 좋았당.

💬 오늘 많이 배웠어. 배운 걸 잘 실천하네. 잘한다!

하지만 다 긍정적인 것은 아니었다. 우리 학년 교사들이 다른 모임에서 이 얘기를 했는데, 아들 엄마였던 한 교사는 이렇게 말했다고 한다. "어떻게 남자애들한테 생리대를 차게 할 수 있어요? 선생님이 권유하고 선물도 준다고 하니까 아이들이 거절하지 못한 거 아닐까요?" 그리고 자기 아들에게 그런 걸 시키면 고소할 거라고 했단다. 교사와 아이들 사이에 래포가 형성되어 있고 아이들이 자율적으로 참여한 것이라고 설명해도 소용이 없었다고 한다. 우리 학년 교사들은 여성이라고 다 같은 마음은 아니라며 아쉬움을 전해 주었다.

다른 사람을 이해하기 위해 직접 경험하는 것만 한 방법이 있을까?(경험이래 봤자 당사자의 현실에 비할 수 없지만 말이다.) 장애 체험도 있고, 임산부나 노인 체험도 있는데, 왜 여성을 체험하는 것, 생리대 체험은 안 된다는 것일까? 여성을 경험해서는 안 될 존재로 받아들이고 있는 건 아닐까?

생리, 다르게 할 수 있다

생리 수업 이후 얼마 뒤 우리 학년은 여름 계절 체험 학습으로 놀이공
원에서 물총놀이를 했다. '계절' 체험 학습으로 가는 것이니 놀이 기구
만 타지 말고 물총놀이에 꼭 참여하라고 하면서 물에 젖고 싶지 않거
나 생리 중이라면 우비를 입어도 된다고 했다. 또 생리를 미루고 싶으
면 약을 먹을 수도 있고, 생리대 말고 탐폰(삽입형 생리 용품)을 사용할
수도 있다고 했다. 혹시 부모님께 말씀드리기 곤란하면 선생님이 대
신 말해 줄 수 있다고도 했다. 생리를 늦추려면 피임약을 일주일 이상
미리 복용해야 하기 때문에 이 이야기는 체험학습 한참 전에 말해 주
었다.

앞서 말한 『생리 공감』을 읽을 때 나는 생리를 안 할 수 있는 방법이
있다는 사실이 가장 흥미로웠다. 임신 기간이 끝나고 다시 생리를 시작
하니 정말 안 하고 싶었다. 아이들과 학부모들에게 정말 간절히 말하고
싶은 것은 피임약과 탐폰을 좀 더 편안하게 사용하자는 것이다.(유기농
생리대나 천 생리대, 생리와 연결된 환경오염에 대한 이야기도 하고 싶지만 이
것이 더 시급하다.) 생리 때문에 무언가를 못하거나 즐기지 못한다면 여
성의 삶의 질은 남성보다 낮아질 것이다. 20년 이상 매달 찾아온 생리
때문에 제약은 많았으나 더 도전하고 즐긴 것은 떠오르지 않는다. 어떤
좋은 도구를 써도 아예 불편하지 않을 수는 없다. 그럼에도 불구하고
생리에서 가능한 한 자유롭기를 바란다.

그런데 보통은 다양한 생리 용품을 알려 주고 선택하게끔 도와주지는 않으면서 생리를 미룰 수 있는 피임약, 생리통을 줄여 주는 진통제는 부작용 덩어리로 취급한다. 딸들이 초경을 할 때 탐폰이나 생리컵 같은 삽입형 생리 용품은 아직도 선택지에 없다. 탐폰은 광고에 잘 나오지도 않고, 탐폰에 대한 부정적 인식이 대화 자체를 막기 때문에 사용자의 실제 경험을 들을 일이 없다. 보통 생리에 대해 알려 주는 엄마나 교사가 탐폰을 사용하지 않는 것도 원인 중 하나다. 2017년 식품의약품안전처 발표에 따르면 일회용 생리대 사용 비율은 80.9%, 탐폰은 10.7%였는데 해외에는 탐폰의 사용 비율이 더 높은 나라가 많다. 또 우리나라에서 탐폰은 수영이나 스포츠, 여행 같은 특별한 활동을 하는 날에만 쓰는 것으로 인식하기도 한다.

『월경의 정치학』을 낸 박이은실 선생님에 따르면 대부분 여성은 어릴 때부터 생리대를 사용하기 때문에 처음 선택한 생리대를 신뢰하는 경향을 보인다. 그 뒤로 충격을 가할 만한 정보를 얻거나 계기가 생기지 않는 한 생리대에 대해서는 보수적인 판단을 내리게 된다.

- 『생리 공감』, 김보람, 21쪽, 행성B

나 역시 생리통 때문에 진통제를 먹는 친구를 걱정했고, 물놀이가 예상되는 단체 여행에서만 피임약을 먹었다. 교사가 된 뒤에 동료 교사들과 바다로 여행을 가서 처음 탐폰을 시도하다 실패했다. 왜 그러고 살았는지 돌아보면 참 우습다. 나는 나를 위해 또 다른 방법을 사용해 보고 싶었다. 이전에 탐폰을 시도해 보거나 생리컵을 검색해 보긴 했지만 아이들에게도 탐폰이나 생리컵에 대해서 알려 주려면 이젠 진짜 써 봐야겠다는 생각이 들었다. 탐폰은 처음 실패 후 다시 시도하지 못했지만 탐폰보다 더 큰 것은 당연히 실패할 것 같아 일단 고가의 생리컵보다는 탐폰에 먼저 도전해 보기로 했다.

같이 페미니즘 책을 읽는 친구들에게 탐폰 사용 실패담을 꺼냈다. 평소 탐폰을 쓰는 친구들이 있어서, 그들이 여러 종류의 탐폰을 꺼내 보여 주고 가르쳐 주고 선물도 해 주었다. 내가 처음 탐폰을 썼을 때는 탐폰을 질 안쪽에 잘 넣을 수 있게 도와주는 애플리케이터의 끝이 질 안쪽을 찌를 것 같은 공포감이 있었다. 또 탐폰을 엉뚱하게 쑤셔 넣으면 어쩌나(몸에 내가 모르는 구멍이 더 있을까 봐?), 탐폰 제거용 실이 안으로 쏙 들어가서 빼지 못하면 어쩌나 하는 걱정도 있었다. 공중화장실에서 조차 버려진 탐폰을 본 적이 없어 어떻게 뒤처리를 하는지도 몰랐다.

친구들과 대화하니 감이 잡혔는데, 나중에 알아보니 탐폰 설명서가 꽤 자세했고 판매사 홈페이지에는 동영상과 Q&A까지 있었다. 게다가 요즘은 탐폰 사용법을 자세하게 알려 주는 블로그나 유튜브 등 다양한 자료가 있고, 탐폰 쇼크[1]를 예방할 수 있는 탐폰 교체 알림이 애플리케이션도 있다.

친환경적인 것도 중요했는데, 애플리케이터가 모두 플라스틱은 아니었다. 친구가 준 유기농 순면 탐폰은 애플리케이터도 종이였다. 당장 집에 가서 연습하고 싶다고 했는데, 친구들 말로는 생리하는 날에는 생리혈 때문에 잘 들어가지만 다른 날에는 연습하기 어려울 것이라고 했다. 검색해 보니 탐폰이 잘 삽입되도록 젤을 쓰는 경우도 있었다.

얼마 뒤 아침에 생리가 시작되었을 때 나는 엄청 흥분했다! 나는 휴대전화로 탐폰 착용 방법을 검색한 뒤 화장실에 가서 착용을 시도해 보았다. 역시 예습을 하고 자세한 그림 설명을 보며 하니까 성공할 수 있었다. 탐폰 애플리케이터는 내 질을 아프게 찌르지 않았고, 실 끝도 잘 나왔다. 출근하는 길에 살짝 쓸리는 느낌이 들어 친구에게 전화를 했다.

"살짝 쓸리는 느낌이 나는데?"

"그럼 제대로 착용이 안 된 걸 거야. 깊숙이 잘 들어갔으면 느낌이 나지 않아."

"엄청 많이 젖어서 탐폰이 불었는데, 느낌이 없어서 모르고 있다가 안 빠지면 어떡해?"

"그 정도로 생리 양이 많으면 실에 피가 배어 나와서 알아챌 거야. 양이 많으면 팬티라이너도 같이 써."

---

11 탐폰 착용 중 질 내 포도상구균 증가로 오는 쇼크. 포도상구균은 건강한 사람의 몸에서 흔히 발견된다. 충분히 증가하면 독성을 발휘하지만 80%의 여성은 내성이 있으며 내성이 없는 20%의 여성은 독성 쇼크증후군을 겪을 수 있다. 우리나라에서는 발생한 예가 없고, 외국에서는 사례가 있지만 그 확률이 0.000001%로 희박하다.

"그런데 실이 나와 있는데 오줌 눌 때 젖지 않아?"

"그래서 난 화장실 갈 때마다 갈아."

"갈면 어떻게 버려?"

"그냥 생리대처럼 휴지로 싸서 버려."

"알았어! 또 궁금하면 전화할게."

더 궁금할 것 없이 탐폰으로 생리 기간을 보냈는데, 정말 생리하는 느낌이 하나도 들지 않았다. 갈아야겠다는 생각이 들지 않아 너무 신기했다. 엉덩이나 허벅지에 피가 묻지 않으니 진짜 생리대 광고에 나오는 뽀송뽀송한 '그날' 같았다. 그러다 친구들이 선물해 준 탐폰이 떨어졌고, 급한 대로 전에 사 둔 생리대를 썼다. 그런데 이게 웬일, 20년 넘게 쓴 생리대가 마치 오줌 싼 기저귀같이 찝찝해서 견딜 수 없었다. 당장 1년 치 유기농 생분해 탐폰을 해외 직구로 왕창 주문했다. 한국에는 유기농 생분해 탐폰이 없고, 해외 직구를 하면 한국 판매가의 반값이다. 탐폰에서 생긴 자신감으로 생리컵도 도전하려고 샀다.

다음 생리가 돌아오기를 기다려 생리컵을 착용해 보았다. 잘 접어도 탐폰보다 커서 걱정됐지만 흐물흐물하지 않고 겉면이 매끈해서인지 잘 들어갔고, 어느 정도 넣은 뒤에는 접었던 생리컵이 펴지면서 안으로 쏙 들어가 자리를 잡은 느낌이었다. 꺼낼 때 말랑한 것은 접혀서 피가 넘칠 수 있다. 초보자에게 말랑한 것보다 단단한 것을 추천하는 이유를 알 것 같았다. 처음에는 손잡이에 닿는 질구 부분이 아파서 손잡이 끝을 조금 자를까도 싶었는데 다시 뺐다 껴 보니 괜찮았다.

생리양이 많은 둘째 날 밤을 보냈는데, 조금도 새어 나오지 않았고 아무 느낌도 없었다. 컵을 처음 꺼낼 때 피가 얼마나 담겨 있을지 너무 궁금했다. 컵을 꺼낼 때는 진공 상태인 병의 마개를 여는 듯한 느낌이 들었고, 두근거리는 마음으로 그동안 모인 빨간색의 피를 보았다. 내 생리 양을 처음 확인하는 순간이었다. 생리대에 묻은 갈색 피와 달리 신선하고 깨끗해 보였고, 피 묻은 생리대를 버릴 때처럼 배설이 연상되지도 않았다. 다시 물로 씻어 착용하고 다음에 뺄 때도 그동안 얼마나 피가 모였을까 궁금한 마음으로 뺐다. 착용 중에 약간 흐르는 느낌이 들거나 실제로 새기도 했는데, 생리컵이 질 안에서 잘 펴져 완전하게 진공 상태가 되는 '실링'이 되지 않아서인 듯했다. 실링 문제는 생리컵의 손잡이를 잡고 살살 돌리거나 생리컵 아래쪽을 눌러 주면 해결된다. 생리컵 사용에 대한 설명이나 후기 역시 인터넷에 많으므로 참고하면 좋다. 전과 달리 실제 사용하면서 설명을 읽으니 무슨 말인지 이해가 돼 나에게 더 잘 맞는 골든 컵을 찾을 수 있을 것 같았다.

집 밖에서 사용하기 아쉬운 점은 생리컵을 사용할 때 손에 어쩔 수 없이 피가 묻는다는 것과 생리컵을 재착용하기 전에 씻어야 하는 부분이다. 집에서는 변기에 앉은 채로도 세면대로 손을 뻗어 피 묻은 손이나 생리컵을 바로 씻을 수 있는데, 공중화장실에서는 불편하다. 생수병에 물을 담아 화장실에 들어가는 사람도 있다는데 나는 그것까지는 귀찮아서 못할 것 같다. 다만 양이 적은 날은 집에서 착용하고 출근했다가 퇴근해서 빼도 되니 사용할 만하다. 어쨌든 이제는 생리할 때 전보다 다양한 선택지를 가지게 됐다.

그래서 학생들에게도 가르쳐 주었다. 탐폰을 가르칠 때는 탐폰 착용을 쉽게 하는 몇 가지 자세를 보여 준 뒤 한 손으로는 질을 대신할 주먹을 쥐고 다른 손으로는 탐폰을 잡아 주먹 안에 애플리케이터를 이용해 넣는 모습을 보여 주었다. 학생들이 탐폰을 직접 잡고 연습하게도 해 보았다. 생리컵 착용은 인터넷에서 본 대로 입구가 좁은 유리 잔을 이용해 보여 줬다. 생리컵을 유리잔 안에 접어서 넣으면 질 안에서 펴지고 진공 상태가 되는 것이 보이고, 생리혈이 담긴 뒤에 실링을 풀며 빼는 것도 연습할 수 있다. 재미있게 실습한 뒤에 학생이 "선생님 그런데 어디다 넣어요? 그게 들어갈 구멍이 있어요?"라고 질문했다. 전에 설명했는데 보지 않고 만지지 않으니 자기 몸이라도 모르는 것이 이해된다. 한 아이가 학급문고의 페미니즘 도서 중 그림으로 성기를 설명해 놓은 책이 있다며 찾아왔다. 나는 그림을 보여 주며 다시 성기의 구조를 설명했다. "거울로 보고 만져 봐. 여자는 굳이 보려고 하지 않으면 성기가 안 보이잖아. 자기 성기인데 자기가 제일 잘 알고 제일 먼저 만져 봐야지." "꺅! 선생님이 거울로 보래!" 깔깔대는 소리가 유쾌했다.

여학생들이 생리대 외에 탐폰이나 생리컵 같은 삽입형 생리 용품을 사용하는 데는 부모님의 협조가 필요하다. 일단 여러 이유를 들어 사용을 막지 않아야 하고, 사용할 수 있도록 직접 구매해 주고 사용 방법도 알려 주어야 한다. 그래서 나는 딸 성교육을 주제로 모였던 학부모 모임 때 학생들에게 했듯이 다양한 생리 용품에 대해서 안내했다. 학생들과 마찬가지로 처음 보았고 사용법도 이제 알았다는 학부모들도 있었다. 나는 학생들이 생리와 관계없이 가능한 한 자유롭고 편안하게 생활하고 신체 활동을 할 수 있도록 진통제, 피임약, 다양한 생리 용품을 사용하게 도와주시길 부탁했다.

21세기에 생리를 한다는 것

아마 남녀 모두가 생리를 한다면 사회와 학교, 가정에서 생리하는 풍경, 생리를 보는 방식이 많이 달랐을 것이다. 만약 남성만 생리를 한다면 어떨까? 남성 대통령이 생리를 한다면, 남성 국회의원이 생리를 한다면, 남성 CEO가 생리를 한다면, 남성 연예인이 생리를 한다면, 남성 교사가 생리를 한다면, 아빠나 오빠, 남동생이 생리를 한다면 말이다. 왠지 다른 모습이 상상되지 않는가? 남성들이 생리를 어떻게 바라볼지, 생리는 어떤 대접을 받을지, 학교와 사회에는 어떤 일들이 생길지, 어떤 제도들이 마련될지 말이다. 생리하는 남성은 어떤 모습으로, 어떤 활동을 할까? 미디어와 생리 용품 광고는 어떻게 바뀔까? 학생들의 생리, 생리통이나 보건 휴가는 어떻게 다뤄질까?

『남자가 월경을 한다면』이라는 책에서 글로리아 스타이넘은 월경은 그 자체의 속성 때문이 아니라 여성의 범주에 속한 일이기 때문에 부정적인 취급을 받는다고 했다. 그래서 사회의 주도권을 가진 남성들만 생리를 하게 된다면 생리는 남성들만 누릴 수 있는 권리이자 권위의 표상이며, 자랑거리이자 부러움의 대상이 될 것이라고 했다. 정치가들은 생리통으로 인한 손실을 막기 위해 국립월경불순연구소에 연구비를 지원하고, 의사들은 심장마비보다 생리통에 대해 더 많은 연구를 할 것이며, 정부는 생리대를 무료로 배포하고, 월경은 더 이상 금기어가 아니라 일상 대화나 TV 토크쇼의 공공연한 소재가 될 것이라는 상상은 아주 흥미롭고도 씁쓸했다.

여성도 다른 대접을 받으며 생리할 수 있어야 한다. 여성에게만 해당되는 생리 비용은 2011년 미국『허핑턴포스트』의 계산에 따르면 여섯 시간마다 탐폰 교체 시 평생 약 2천만 원이라고 한다. 그러나 실제로 여성들은 여섯 시간보다 더 짧은 시간마다 생리 용품을 교체해야 하며, 한국의 생리 용품 비용은 미국보다 비싸다. 여성이라는 이유로 큰 지출을 받아들여야 하는 사회는 불공정하며 '생리 빈곤' 없이 모든 여성은 생필품으로써 생리 용품을 부담 없이 사용할 수 있어야 한다. 우리나라는 2004년부터 생리대와 탐폰 등에 대해 판매 중 발생하는 부가가치세를 부과하지 않지만 생산과 유통 과정에는 여전히 세금을 부과하고 있다. 특히 한국의 생리대 시장은 독과점 상태로 생리대 가격이 OECD 회원국 중 최고 수준이다.

2004년 케냐는 생리 용품에 대한 과세를 중단한 첫 번째 국가가 되었고, 캐나다도 2015년 7월부터 탐폰, 생리대, 생리컵 등 모든 여성 생리 용품이 면세 품목이 되었다. 아일랜드, 인도, 말레이시아, 호주, 남아프리카공화국, 미국의 약 10개 주가 이 대열에 합류했다. 미국 뉴욕시에서는 2016년 6월 공립학교, 교도소, 쉼터 등에서 생리 용품을 무상으로 제공하는 법안이 만장일치로 채택되었다. 뉴욕 시장은 "여성은 존엄과 건강, 편안함 속에 살고, 일하며, 배울 권리가 있다."며 법안에 서명했고, 공립학교 800여 곳에 무료 탐폰 자판기가 설치되었다. 스코틀랜드 자치 정부는 2018년 8월부터 세계에서 처음으로 모든 초 · 중 · 고등학생과 대학생에게 생리 용품을 무상 제공한다. 한편 우리나라는 보건실에 비상용 생리대만 준비되어 있으며, 저소득층 여성 청소년에 대해서만 무상 생리대 지급이 지자체별로 다르게 시행되는 상황이다. 서울시가 2018년 겨울 겨우 10곳의 공공기관에 비상용 생리대 지원을 시작한 이후 2019년 4월 경기도 여주시에서 여성 청소년들 모두에게 생리대를 무상 지원하는 조례안을 의결했다. 2019년 5월 서울시 강남구는 관내 학교 절반과 공공시설에 생리대 보급기를 설치했는데 각 학교 화장실에 생리대를 상시 비치하고 지원하는 건 전국 최초이다. 학교 화장실에 휴지처럼 생리대가 비치되어 있다면 학생들의 생리 경험이나 생리에 대한 인식이 어떻게 달라질지 상상해 보라.

또한 생리하는 학생의 생리 공결 등 건강권도 실제로 쓸 수 있도록 해야 한다. 현재처럼 허가를 받는 방식이 아닌 신고만으로도 사용할 수 있어야 한다. 생리통으로 결석한다는 학생에게 산부인과에서 진단서를 떼어 오라고 했다는 말을 들었다. 아파서 결석하겠다는 학생에게 산부인과를 다녀오라는 것도 황당한데, 산부인과에서 무얼 해 오길 기대하는 걸까? 피 흘리는 성기를 낯선 의사에게 보여 주어야만 생리 기간인 걸 믿겠다는 건지, 공부하지 못할 만큼 심한 생리통이라며 병원에서 확인이라도 해 줄 거라고 생각하는 건지 모르겠다.

학생의 학습권도 생각해 봐야 한다. 우리 학교가 있는 시에서는 원하면 생존 수영 실습을 지원한다. 초등 중학년에서는 모두가 참여하는데, 중학교에 가면 남학생들만 한다고 한다. 외모 평가에 대한 부담도 있겠지만 생리의 영향도 있다. 해당 기간에 여학생들이 생리 때문에 참여가 어렵다면 생존 수영 학습 기회를 박탈해야 할까, 대안을 마련해야 할까? 탐폰이나 생리컵 사용법을 알려 준다거나, 피임약을 권해 준다거나, 생리하는 여학생을 위해 별도의 기간을 마련하는 등의 방법도 있다.

21세기다. 이제는 '월경 정의'를 고민해야 할 때다.

10월

여자아이들의
롤 모델이 부족하다

'소녀다움'을 강요하는 사회

날씨가 갑작스레 추워져 패딩을 꺼내 입어야 하나 고민되는 날이었
다. 2학기에 들어서면서 학교 축제, 미니 콘서트, 연주회 등 다양한
학교 행사가 있었다. 그날은 등굣길에 미니 콘서트가 있었다. 구령대
에서 크롭티(배꼽티)와 짧은 치마를 입은 아이들이 방송 댄스를 췄다.
보기에도 춥겠다 싶었다.

"아이들 춤추는 거 아침에 봤어요?"

아니나 다를까, 연구실에서 그 얘기가 나왔다.

그런데 포인트가 조금 달랐다. 그 아이들이 '까졌다'라는 게 중점이
었다. 당시 학생생활인권규정 안건으로 올라온 '화장 금지 조항'이 생
각났다. 학생이 '학생답지 않게' 화장을 하는 것이 보기에 좋지 않다면

서 화장 금지를 교칙에 넣어야 한다는 의견이 있었다. 마찬가지 맥락으로 짧은 옷을 입은 아이들이 추울까 걱정하는 것이 아니라 '학생답지 않다'는 말이 오르내리고 있었다. 그게 그들의 학생에 대한 걱정이라면 걱정이었다.

출근길이었다. 지하철에 화장을 한 어떤 여학생이 있었다. 그런데 지나가는 노인이 "어디서 학생이 화장을 하고 다녀?"라고 윽박질렀다. 도대체 무엇이 그분을 화나게 했을까? 그 여학생이 화장을 함으로써 그분에게 피해를 준 것은 없었다. 오히려 복잡한 출근길을 느닷없는 윽박질로 소란을 일으킨 것이 피해라면 모를까.

두 가지 경우의 학생들은 이미 소녀임에도 불구하고 '소녀다움'을 강요받고 있다. 최근 들어 그 '소녀다움'과 관련해 무리한 요구까지 받고 있는 것은 문제가 아닐 수 없다. 전통적으로 요구하던 '소녀다움'은 순수하고 맑은 이미지였다. 하지만 요즈음에는 순수하고 맑은 이미지에 충분히 치장하고 성적 매력까지 갖추기를 요구한다.[12] 교복을 입었지만 짧은 치마에, 아무것도 모르지만 개방적이고 섹시한 것이 소녀다운 것이다. 이 얼마나 어려운 과업이란 말인가.

'여성'이 각종 매체에서 어떻게 소비되는지를 눈여겨보자. 연예인이든 BJ든 SNS 속의 인물이든 여성이 되기 위해 갖춰야 하는 것은 '예

12   호야, 한낱, 피아 외 24명, 『걸 페미니즘』 교육공동체벗, 2018.

쁨'이다. 여성을 대상화하여 '얼평'하는 행위가 반복적으로 이뤄지고 있다. 콘텐츠가 아무리 훌륭해도 그렇다.

성장하는 청소년은 끊임없이 '몸'에 대해 고민하는 갈등 상태에 있다. 꾸미지 않으면 안 될 것 같은, 아니 대놓고 꾸며야 한다고 말하는 사회 분위기 속에서 학생들은 화장을 하게 된다. 화장을 하지 못한 날에는 마스크를 쓰고 다닐 정도다. 마스크를 쓰지 마라, 화장을 하지 말라는 것은 학생들에게 억압이 되어 버렸다. 이미 화장을 하지 않고는 자신의 가치를 인정받지 못한다는 불안감과 사회적 억압 속에 살고 있기 때문이다.

어른들이 십대들에게 "화장 안 해도 예쁘다."고 말해도 소용이 없다. 어른들이 '예쁘다'고 말하는 것은 그 나이에 대한 선망일 뿐이고, 학생들 입장에서는 또래에게 인정받는 것이 더 중요하기 때문이다. 학생들에게 필요한 것은 "예쁘지 않아도 된다."고 말해 주는 어른들이다. 미(美)의 기준을 제시한, 아니 여성으로서 미(美)를 갖춰야 한다고 요구하는 사회 분위기의 책임은 어른들에게 있다.

여성들에게 가해지는 과도한 성적 대상화나 외모 품평에 대해 지적하면 BJ나 연예인은 남들에게 보여지는 직업이라 어쩔 수 없다고 이야기하는 사람들도 있다. 하지만 스포츠 선수들에게도 '얼평'은 따라붙는다. 양궁을 하더라도, 유도를 하더라도, 축구를 하더라도, 당구를 하더라도 여자 선수들에게는 경기 성적이나 스포츠맨십보다 '예쁜' 선수라는 명칭이 따라붙는다. 여자 선수들은 실력순으로 기업 스폰서가 붙는 것이 아니라 '예쁜' 외모순으로 기업의 스폰서가 붙기도 한다.

교사에게도 '얼평'은 따라붙는다. 선배 교사들끼리 "그 지역에서 가장 예쁜 여교사가 어느 학교에 있더라." 혹은 "우리 학교에서는 누가 가장 예쁘다."고 얘기하는 것을 여러 번 보았다.

학생들 세계에서 롤 모델은 가족, 친구, 선생님, 연예인 정도일 것이다. 한 사회가 보여 주는 여성의 모습은 굉장히 한정되어 있다. 학생들의 롤 모델에 대해 사회가 어떠한 모습을 요구하는지, 나아가 사회가 제시하는 롤 모델이 얼마나 다양한 모습을 보여 주고 있는지 고민해 봐야 한다.

화장하는 아이들에게 타이르는 말이라고 해 봤자 "그런 거 어른 되면 하기 싫어도 해야 해. 지금 너희 나이에는 할 필요 없어.", "화장하면 피부 안 좋아져." 정도이지 않은가? 그들에게 필요한 것은 '예쁜 여성'이 선택받는 것이 아니라 스스로 '선택할 수 있는 권리'를 갖는 것이고, '성공한 예쁜 여성'을 전시해 놓는 것이 아니라 단지 '사람'이어도 되는 사회이고 학교다.

청소년에게 메인 이중의 굴레를 집어던지지 않는 이상, 소녀는 '소녀'이기 위해서 고군분투해야 한다. 화장 안 한 얼굴이 부끄러워 마스크 속에 얼굴을 숨긴 아이들. 그 마스크를 벗길 수 있는 건 모든 여성들이 그 자체로 '여성'이자 '사람'이라는 메시지다.

남성 지배적인 서사 제재들

최근 들어 뮤지컬을 하는 학교가 많이 늘어났다. 뮤지컬은 다양한 교과를 창의적으로 통합하여 진행할 수 있고, 프로젝트로 진행하면서 학생들의 협동심을 기를 수 있을 뿐 아니라 문화·예술적 소양을 기를 수 있다는 이유에서다.

개인적으로 뮤지컬 관람을 좋아한다. 그러나 뮤지컬의 서사에 대해서는 아쉬움이 많다. 여성 캐릭터는 천사 아니면 악녀이고, 인생에 대한 고민은 남성 캐릭터의 몫이며, 여성은 조력자나 뮤즈로 소비되는 패턴이 많기 때문이다.

다양한 모습의 여성들이 부족한 것은 소설, 만화, 영화, 연극, 뮤지컬, 희극, 코미디 등 장르를 불문하고 모두 마찬가지다. 여성 인물에 대한 이야기는 '여성향'으로 분류된다. 그 밖의 서사들이 이제껏 남성을 기본으로 하고 있었다. 그렇다고 그것들이 '남성향'으로 분류되지 않는다.

예를 들어 1990년대 초등학생들에게 큰 인기를 끌었던 『○○에서 살아남기』시리즈는 따로 '남성향'으로 분류되지 않는다. 그러나 내용은 남성 중심적이다. 까불이 남자 주인공에 깍쟁이 여자 혹은 잘 챙겨 주는 여자가 등장한다.(생사가 오가는 와중에도 여자 캐릭터만 굉장히 불편한 옷을 입고 있다.) 또 남자 교수님이 등장하여 문제를 척척 해결해 준다. '여성향'으로 분류되는 만화는 주인공이 여자만 되어도 분홍색 표지에 제목이 아기자기한 글씨체를 하고 있다.

교육대학교를 다닐 때 연극 동아리 활동을 했었다. 그때에도 연극 시나리오가 대부분 남성 중심이었다. 주인공은 물론이거니와 서사의 중심도 남성이었다. 캐릭터 연기를 잘할 수 있는 대로 배치하다 보면 남장을 하는 경우도 많았다. 나도 남장을 했었다. 남장을 한 나는 조신한 본부인을 두고 섹시한 애인과 바람을 피우며 상황을 모면해 가는 코미디를 연기했다. 내가 연출을 맡게 되었을 때는 다양한 연극의 서사를 보여 주고 싶었지만, 그런 연극 시나리오를 찾는 것이 굉장히 어려웠다.

사정이 이렇다 보니 학교 축제에서 뮤지컬을 할 때에도 남성향의 뮤지컬을 하는 경우가 다반사다. 성별에 구애받지 않고 캐스팅을 하면 그나마 다행인데, 연기 능력보다 성별에 치우쳐서 역할을 정하는 경우도 왕왕 있다.

학생들이 향유하는 문화 중에서 주체적으로 서사를 이끄는 모습을 굳이 따지고 보면 '여자 아이돌'뿐이다. 그들은 큰 무대 위에서 자신들의 이야기를 멋진 퍼포먼스와 함께 펼쳐 나간다. '소녀다움'을 연기하는 문제를 별개로 치면, 우선 그 무대에서는 그들이 주인공처럼 보인다. 학생들이 자발적으로 무대에 설 때 아이돌을 따라하는 퍼포먼스를 선택하는 이유가 거기에 있는 것은 아닐까.

아는 선생님에게 들었는데, 한 고등학생이 "이 나라를 떠야겠다."고 말했단다. 이유를 물으니 드라마 〈도깨비〉나 〈나의 아저씨〉 등을 보면 고등학생이나 어린 여자를 어떻게 바라보기에 자꾸 '아저씨'랑 엮는지 모르겠다고 했단다. 중학생 시절, 내 친구는 이렇게 말한 적이 있다.

"서른이 넘으면 죽을 거야."

나는 깜짝 놀랐다. 그 이유를 물어 보니, 서른이 넘은 자신의 모습을 견딜 수 없을 것 같다고 했다. 젊음을 잃을 바에는 차라리 죽음을 택하겠다는 것이다. 그때 나는 이렇게 말했다.

"죽는 건 좀 그렇지 않아? 그래도 나는 딱 이십대 초반처럼 보이면 좋겠어."

이제 와서 보니 결국은 같은 이야기였다. 세상은 여성에게 '이십대 초반' 같기를 요구한다. 우리는 자기도 모르게 그것을 느끼고 있었던 셈이다.

'벡델 테스트'라는 것이 있다. 1985년 만화가 앨리슨 벡델(Alison Bechdel)이 고안한 테스트다. 벡델이 신문에 연재하던 만화의 캐릭터가 영화를 보러 가며 친구에게 언급한 이 테스트는 매우 간단하다. 첫째, 이름을 가진 둘 이상의 여자가 등장하는가? 둘째, 그들이 서로 대화를 나누는가? 셋째, 그들이 남자가 아닌 다른 소재에 대해 이야기를 나누는가? 이것은 그 영화가 페미니즘 영화인지 아닌지, 좋은 영화인지 아닌지를 판단하는 기준이 아니다. 현재 영화가 소재 선택과 캐릭터 재현에서 얼마나 남성 지배적인지를 보여 주는 단순한 통계 지표일 뿐이다.[13]

그런데 이 지표를 통과하는 영화가 극히 드물다. 학교에서 흔히 보여 주는 영화들도 이 간단한 테스트를 통과하지 못한다. 교사들끼리 재미 삼아 아동 문학 제재를 살펴봤을 때도 이 테스트를 통과하지 못하는 서사 제재들이 꽤 많았다.

제재를 읽기 전이나 영화를 틀어 주기 전에 이 세 가지 질문을 한번 던져 보자.

① 이름을 가진 둘 이상의 여자가 등장하는가?
② 그들이 서로 대화를 나누는가?
③ 그들이 남자가 아닌 다른 소재에 대해 이야기를 나누는가?

사람은 자신이 본 것을 닮아 간다. 아이들은 더더욱 그렇다. 이 세 가지 질문을 던지지 않는다면 교실에 앉아 있는 여자아이들은 이름 없이, 남자 이야기만 나누며, 심지어는 서로 대화를 나누지 못한 채 종속되는 삶을 모델로 삼게 될지도 모른다.

13 "벡델 테스트(The Bechdel Test) 한번 해 보시길", 『월간SIWFF』 서울국제여성영화제, 2015.

학교에서 보여 주는 영상 매체를 살펴보겠다(주요 인물을 기준으로).

제목	벡델 테스트		
	이름을 가진 둘 이상의 여자가 등장하는가?	그들이 서로 대화를 나누는가?	남자가 아닌 다른 소재에 대해 이야기를 나누는가?
검정고무신	X	X	X
안녕 자두야	O	O	O
아이쿠	X	X	X
과학 마술단	X	X	X
마법 천자문	X	X	X
장금이의 꿈	O	O	X

'섹시한 램프 테스트'나 '마코 모리 테스트'로도 여성 인물의 역할을 평가해 볼 수 있다. '섹시한 램프 테스트'는 여성 캐릭터가 등장한 자리에 '예쁜 전등'을 둔다고 가정한다. 여성 인물이 들러리 구실만 하면서 서사의 본질에 이렇다 할 영향을 끼치지 않는지를 살펴보는 것이다. 즉, 여성이 '인물'이 아닌 '예쁜 무언가'로만 역할하고 있는지 점검하는 테스트다.

'마코 모리 테스트'에서 마코 모리는 영화 〈퍼시픽 림(2013)〉에 등장하는 인물이다. 마코 모리는 주인공은 아니지만, 단순히 남성 캐릭터를 뒷받침하는 것이 아니라 자신의 이야기를 갖고 있는 여성 캐릭터다. 마코 모리 테스트에서는 마코의 상황을 적용하면 된다.

① 적어도 한 명의 여성 캐릭터가 있을 것

② 그에게 '자기 이야기'가 있을 것

③ 그 이야기가 남성 캐릭터를 뒷받침하는 것이 아닐 것

앞서 살펴본 영상 매체를 다시 보자. 〈과학 마술단〉과 〈마법 천자문〉은 '섹시한 램프 테스트'를 통과할 수 없다. 여성 인물이 '예쁜 무언가'로 들러리 역할만 하며, 서사의 본질에 이렇다 할 영향을 끼치지 않기 때문이다. 〈검정고무신〉도 다소 이러한 경향을 띤다. '마코 모리 테스트'에는 〈안녕 자두야〉와 〈장금이의 꿈〉 외에 어느 것도 통과할 수 없다.

왜곡·축소된 여성 인물들

최근 역사관이 문화사로 변화되기 전까지는, 거의 모든 역사는 왕 중심의 '인물사'로 다뤄졌다. 현재의 역사 교육 역시 매우 큰 비중으로 '역사 인물'을 가르친다.

다음 내용은 2015 개정 교육과정 중 초등학교 5~6학년군 사회과 각론 중 일부다. 성취 기준, 교수·학습 방법, 평가에 있어서 '인물 교육'이 중점인 것을 확인할 수 있다. 인물을 살펴봄으로써 그 시대의 시대상을 탐구하고, 가치 판단을 하는 것이다.

(가) 주요 성취 기준 해설 및 학습 요소

– 주요 성취 기준 해설

· 본 단원은 고대 시기부터 조선 전기에 이르기까지 시대의 변화와 그 특징을 그 시기를 대표하는 인물과 문화유산을 통해 탐구해 보는 데 주안점을 두고 있다. 인물들은 국가의 발전과 문화 발전에 기여한 활동을 위주로 파악하며, 문화유산은 과학기술의 우수성에 대한 이해와 문화적 자부심을 고취시킬 수 있는 것들을 중심으로 탐구하도록 한다.

그런 의미에서 『타임』에서 매년 '올해의 인물'을 발표하는 것은 '현재'가 어떻게 역사에 쓰일 것인가를 대변한다. 그래서인지 사람들은 『타임』이 발표하는 '올해의 인물'에 큰 관심을 가진다. 2015년에는 독일의 메르켈 총리가 '올해의 인물'로 선정되었다. 이는 여성이 29년 만에 선정된 것이다.[14]

교과서는 어떨까? 역사 교과서에 여성은 단 7.7%만 기록되어 있다.[15] 여성이 기록된 경우라 하더라도 업적이 어떤 방식으로 기술되었는지 살펴볼 필요가 있다.

세계적으로 유명한 여성 인물들에게 어떤 수식어를 붙여 왔는가? 신사임당에게는 '현모양처', 나이팅게일에게는 '백의의 천사'라는 수식어를 붙였다. 유학자이면서 문인이자 화가였던 신사임당을 율곡 이이의 어머니로만 부각시켰으며, 사회 개혁가이자 현대 위생학의 창시자였던 나이팅게일을 죽어 가는 병사들을 살리고자 한 '마음 따뜻한 사람'으로만 이미지화했다. 실제 나이팅게일은 망치를 들고 다니며 불합리한 의료 체계를 타도한 개혁가였다. 하지만 망치를 들고 다니는 모습이 여성스럽지 못하다는 이유로 나이팅게일의 인물 이야기에는 램프를 들고 다니는 모습으로 수정되었다. '여성성'에 국한시켜 실제 인물을 왜곡, 축소시킨 것이다.

나아가 그들이 여성으로서 받았던 차별을 지워 버린 것도 문제다. 이는 현재까지 이어지는 여성 차별을, 마치 '없는 것'처럼 치부한 것과 같다. 나이팅게일은 위생 설비나 식사 개선, 아울러 군 제도의 개선을 요구했지만 현지의 군대는 젊은 여성이라는 이유로 나이팅게일의 요구와 비판을 받아들이지 않았다. 신사임당의 아버지인 신명화는 딸이 사위에게 눌리지 않도록 한미한 집안을 사돈으로 골랐다고 하고, 신사임당도 여성 차별의 시대상을 인식하고 자식을 성별 관계없이 똑같이 교육시키고자 했다고 한다. 이렇게 여성 차별에 맞서 저항한 삶을 지워 버리는 것에 어떠한 의도가 다분하다고 본다면 무리한 해석일까.

'여○○'이나 '○○녀'와 같이 불필요하게 여성임을 밝힌 지칭어를 많이 보았을 것이다. 이러한 현상은 역사책에서도 찾아볼 수 있다.

14 "29년 만에 여성이 『타임(TIME)』의 올해의 인물'이 되다", 『허스트포스트』, 2015.
15 이임하, 『이임하의 여성사 특강』, 철수와영희, 2018.

'김덕만'은 역사에 '선덕왕'으로 기록되어 있다. 하지만 후대의 사람들이 '선덕여왕'이라고 바꾸어 기록하고 있다. '진덕왕(진덕여왕)', '진성왕(진성여왕)'도 마찬가지다.

시중에 출판되어 있는 인물 이야기[16] 시리즈는 어떨까? 여성 인물의 비중이 매우 낮다. 100명의 인물이 소개된 시리즈를 살펴보니, 100명 중 6명만이 여성이었다. 더군다나 6명 중 2명은 '어머니'라는 수식어가 붙어 있었다. 내용에도 그들이 펼쳤던 '사회 혁명'이나 '인권 운동'보다 '사랑과 봉사'에 초점을 맞췄다. 다른 인물 이야기 시리즈도 상황은 비슷했다.

또한 남성은 아직 가치 판단이 끝나지 않은 정치적 인물이나 교수, 연예인도 등장하는데, 여성은 매우 제한적으로 등장하고 있었다. 특히 흥미로운 점은, 여성 인물 중에서도 '무용' 등 예술 계통에 있는 사람들을 주로 다룬다는 것이다. 여성 정치가나 사업가 등은 다루지 않는다. 비교적 '덜 위협적'이라고 여겨지는, 즉 '여성성'을 갖췄다고 생각되는 분야의 인물들만 다룬다고 해석된다. 여성 인물들의 진취적인 업적을 지우고, '여성스러운' 수식어를 붙여 주는 것과 비슷한 현상이다.

'학습 만화'의 상황은 어떨까? 인물 이야기 학습 만화에서 여성 인물은 대체로 속눈썹이 길고, 눈망울이 크며, 몸의 곡선이 드러난 모습

---

16   가치 판단이 들어간 '위인전'이 아닌 '인물 이야기'로 대체하여 사용한다.

을 보인다. 실제 그가 어떻게 생겼는지는 관심이 없고, 사회에서 요구하는 '여성의 외적 모습'만 강조해서 그리는 편이다. 반면에 남성은 실제 인물과 비슷하게 그리려는 경향이 있었다.

누군가는 지금까지 남성 중심 사회였기 때문에 여성이 목소리를 내는 경우가 적었고, 그래서 제시할 여성 인물 자체가 적다고 이야기할 수도 있다. 여기에는 여러 모순점이 있다.

첫째, 이제까지 여성 인물을 찾지 않았다. 우리 사회가 '숨겨진 남성 인물'을 찾아내려는 노력만큼 '숨겨진 여성 인물'을 찾으려는 노력을 기울이지 않았다는 것이다. 역사 속의 숨겨진 남성 인물을 찾아낼 때에는 잊어서는 안 될 인물이라 할 뿐, '굳이' 왜 그 '남성'을 발굴했는지에 대한 질문은 하지 않는다. 하지만 숨겨진 여성 인물을 찾아내는 것에 대해서는 '굳이' 왜 그 '여성'이어야 하느냐는 목소리를 낸다. '굳이' '여성'을 발굴할 필요가 있느냐며 여성의 업적을 폄하하는 것이다.

또한 역사 인물을 선정할 때 어린이의 기본 값을 당연하게 '남성'으로 잡는다. 그로 인해 남성 어린이가 본받을 만한 롤 모델을 제시하는 반면, 여성 어린이에게 롤 모델을 제시해야겠다는 의무는 강조되지 않았다. 나아가 여자 어린이가 남성 인물을 보고 동일시할 기회는 주지만, 남자 어린이가 여성 인물을 보고 동일시하는 것은 우습게 여긴다. 여성 인물 이야기는 오로지 여자 어린이만 읽고 감명받을 것을 기대한다.

둘째, 여성 인물을 지웠다. 먼저 '존재' 지우기와 '대표성' 지우기가 있다. 여성의 삶은 다양하다. 하지만 지금까지 여성 인물은 사회적인 여성상에 비추어 적합하다고 판단되는 인물만을 추려 왔다. 제시할 인물이 적은 것이 아니라, 존재가 지워진 인물들이 너무 많다고 하는 것이 옳다. 또한 업적을 이룬 인물이 여럿인 경우, 남성을 대표자로 세운다.

또 여성 인물을 평가할 때 부정적인 평가를 부각시킴으로써 존재를 지우기도 한다. 예를 들어 정권에 반하여 무신 정권을 일으킨 일에 대해서는 무인들의 투지와 무인들에 대한 차별을 강조하는 반면, 왕비나 외척이 권력을 가진 경우에는 '정당성'에 위배되는 일이자 정권을 교란시키는 일로 서술된다. 그럼에도 불구하고 현재의 여성 인물을 다루는 횟수나 방식에 대해 문제가 많다는 것을 인정하지 않는다면 "도대체 왜?"라고 반문하고자 한다.

숨겨진 여성 인물을 찾아서

교과서와 인물 이야기를 다룬 책들의 상황이 이렇다 보니, 학생들에게 다양한 인물을 제시하기 위해서는 여성 인물을 따로 다룬 책을 활용할 수밖에 없었다. 어느 날은 『세상을 바꾼 아주 멋진 여성들』이라는 그림책을 아이들에게 읽어 줬다. 수영으로 해협을 횡단하고, 디자이너, 화석 발굴 등 놀랄 만한 일로 세상을 바꾼 사람들의 이야기에 남녀 관계없이 빠져들었다.

그중에서도 여자아이들에게는 코코 샤넬이 반응이 좋았다. 그 사람이 디자이너라서가 아니었다.

"그 사람이 우리 바지 입게 해 준 사람이에요?"

아이들은 아직도 불편한 치마를 입어야 했으면 어쩔 뻔했냐며 과감하면서도 획기적으로 여성 바지를 만들어 출시한 코코 샤넬에게 고맙다고 했다.

한글날에는 '정의공주'를 소개했다. 우리는 한글을 주로 세종대왕 혹은 세종대왕과 집현전 학자들이 만들었다고 알고 있다. '변음'과 '토착'을 글자로 표현하는 데 어려움을 겪던 세종대왕은 정의공주가 해결하도록 하였다. 정의공주는 민간에 한글을 알리는 데도 큰 역할을 한 인물이다.

다른 교과에서 인물의 일화를 소개하는 경우에도 대부분 남성 인물을 소개하는 경우가 많다. 예를 들어 과학 시간에 과학적 탐구 과정을 소개할 때에도 한 '남성' 과학자의 이야기를 소개한다. 미술 시간에도 '남성' 미술가의 작품만을 소개해 주는 경우가 종종 있다.

문제의식 없이 여성만을 등장시키는 경우도 있다. '세탁기를 돌린다.', '식사 준비를 했다.'와 같은 가사 노동과 관련된 상황이다. 이러한 상황을 제시할 때에는 '엄마'나 '아줌마'와 같이 이름 없는 여성이 등장한다. 이름 있는 여성 인물이 교육 현장에서 제시되는 경우가 매우 부족한 실정이다.

이금이가 쓴 『거기, 내가 가면 안 돼요?』를 보면 다음과 같은 대목이 나온다.

> 그(형만/채령의 아버지)는 여자의 행복은 남들이 가지 않은 길에 발자국을 내는 게 아니라 사람들이 다져 놓은 길을 편하게 걷는 거라고 믿었다. 길이 아닌 곳은 거칠고 험하기 마련이다. 나혜석이니 김일엽이니 하는 여자들이 그곳에 발자국을 찍고 길을 내겠다며 호기를 부렸지만, 그들이 얻은 것은 세상의 손가락질뿐이었다.
> 궁리하던 채령은 유학을 결심했다. 졸업하는 대로 혼례식장에 끌려갈지도 모를 현실에서 도망치려면 그 길밖에 없었다. …… 대부분의 남자나 그들의 집안에선 공부 많이 한 여자를 좋아하지 않았다.

1920년대를 배경으로 한 소설이다. 100년이 지난 지금, 이러한 인식에서 우리는 얼마나 벗어났는가? 결혼 시장에서 환영받을, 반드시 언젠가 결혼하여 가부장체제에 말없이 속할 '소녀'의 모습만이 아닌, 다양한 선택지를 우리 아이들에게 펼쳐 줘야 한다.

마지막으로, 여성 인물을 소개할 때 주의할 점이 있다. 과거의 여성 인물들은 특히 여성이라는 이유로 사회적 억압을 받아 비극적인 결말을 맞는 경우가 많았다. 예를 들어 마리아 빙켈만은 자신의 업적을 남편의 이름으로 보고할 수밖에 없었고, 여성 천문학자에 대한 차별로 끝내 연구를 그만둬야 했다. 이러한 비극이 좌절로 여겨지지 않도록, 사회적 맥락 속에서 인물을 이해하도록 도와야 한다.

분야별 여성 인물

분야	인물
과학	마리 퀴리, 메리 애닝, 로절린드 프랭클린, 밀레바 마리치, 이네즈 펑, 마리아 빙켈만, 박에스더, 김빛나리
수학	캐서린 존슨, 나이팅게일, 고계원
예술	코코 샤넬, 프리다 칼로, 최승희, 조수미, 윤심덕
정치	잔 다르크, 앙겔라 메르켈, 테레사 메이, 마거릿 대처, 정정화, 안윤옥
사회	해리엇 터브먼, 말랄라 유사프자이, 최은희, 이태영
문화	권기옥, 황혜성, 지현옥, 나혜석, 노천명, 박경리, 박완서, 고정희

함께 읽을 만한 여성 인물 도서

- 『여자는 힘이 세다』, 유영소 지음, 함께자람

  한국 편과 세계 편으로 나누어져 다양한 여성의 일대기를 소개한다.
- 『여자가 세상을 바꾸다』, 유영소 지음, 함께자람

  다양한 분야에서 뚜렷한 발자취를 남긴 근대 여성들을 소개한다.
- 『세상에 도전한 위대한 여성들』, 조지아 암슨 브래드쇼 지음, 시공주니어

  불평등을 뛰어넘고 도전한 68명의 위대한 여성들의 이야기가 담겨 있다.
- 『니 꿈은 뭐이가? : 비행사 권기옥 이야기』, 박은정 지음, 웅진주니어

  그림책. 여성 비행사 권기옥의 이야기를 담고 있다.
- 『꿈을 그리는 여자들』, 봄알람 지음, 봄알람

  일러스트가 인상적인 책이다. 많이 알고 있는 여성 인물의 진면모를 재조명한다.
- 『언니들의 세계사』, 캐서린 핼리건 지음, 책읽는곰

  정치, 문학, 예술, 환경, 과학, 종교 등 다양한 분야에서 활약한 여성 50명을 소개한 책이다. 독특한 삽화와 당시의 사진, 쉽게 풀어 쓴 이야기로 여성 인물을 소개한다.
- 『여자도 달릴 수 있어』, 아네트 베이 피멘텔 지음, 청어람아이

  보스턴 마라톤에 참가한 최초의 여성 마라토너 바비 깁의 이야기를 소개한다.

11월

외모 이야기,
이제 그만합시다

외모 압박에서 벗어나기

쇼핑하고 돌아오는 한 여성이 운전 도중 추돌 사고를 낸다. 상대 차량 남성이 화를 내며 여성이 탄 차의 창문을 두드리다가, 여성의 아름다운 외모를 보고 기분이 좋아져서 그냥 돌아가며 엄마, 할머니 등의 여성 가족을 위한 미용 기능 제품을 쇼핑한다.

'시선이 즐겁다', '예쁘면 다야', '자신감을 성형하다', '시집 잘 간 전교 꼴등 그녀는 일단, 예뻤다.' 시내버스와 마을버스 등에서 쉽게 볼 수 있는 성형 광고와 피부과 광고, 지방 흡입 광고의 문구다. 우리는 외모주의를 넘어서서 외모 지상주의에 이르는 사회에 살고 있다. 외모에 큰 가치를 부여하며 누구나 아름다워질 수 있고, 외모를 가꾸거나 바꾸면 원하는 것을 얻을 수 있다고 믿는다. 다이어트를 하는 초등학생들은 점심시간이면 "탄수화물은 안 돼요. 밥은 조금만 주세요."를 외친다. 맛있는 반찬이 나오는 날은 더 먹고 싶지만 친구들이 무슨 여자애가 밥을 그렇게 많이 먹느냐고, 돼지라고 놀릴까 봐 꾹 참는다.

다음은 어느 초등학교의 학생생활인권규정 중 용의 사항에 관련한 규정이다.

> 학생 각자의 개성을 존중하며 신체를 꾸미는 데 자유로울 수 있으나 건강을 해칠 우려가 있는 색소 및 화학 물질에 대한 노출을 막고자 색조 화장(선크림, 무색 립밤을 제외한 파우더, 파운데이션, 립스틱, 립 틴트, 볼터치, 마스카라 등 색상이 들어간 모든 화장품 사용)은 일체 금지하며 색조 화장품의 소지를 금지한다.

건강을 해칠 우려가 있다, 색조 화장품의 소지를 금지한다는 말이 무색하게도, 교실 거울에 자기 얼굴을 비추며 피부 톤, 립스틱 컬러, 아이라인 모양을 확인하는 학생들의 모습은 그다지 놀랍지 않다. 유튜브에 '초등학생 메이크업'을 검색하면 '올바른 초딩 메이크업', '학교 가기 전 5분 메이크업', '데일리 메이크업', '투명 메이크업', '초등학생 파우치 소개', '초등학생의 화장 지우기' 등 수많은 영상을 찾을 수 있다.

오늘도 학생들은 "개못생겼다."는 말을 아무렇지 않게 주고받고, 뷰티 영상을 찍어 올리며, "선생님, 오늘 화장 왜 안 했어요?" 또는 "선생님, 오늘 화장이 잘 됐네요?"와 같은 질문을 교사에게 던진다. 페미니스트 교사는 학생들에게 어떤 모습을 보여 주고, 또 어떤 이야기를 나누어야 할까?

수업 주제	외모 압박에서 자유로워지기
수업 의도	미디어가 제시하는 외모의 기준에 나를 맞추는 것은 불가능하고, 그럴 필요도 없다. 외모를 평가하는 것이 우리에게 어떤 강요와 압박으로 다가오는지, 사회에서 외모를 다루는 방식을 비판적인 시각으로 살펴보며, 외모 평가에서 자유로운 학급 분위기를 만든다.
수업 흐름	

완벽한 외모

▶ 여러분은 스스로의 외모에 만족하나요? 만족하지 않는다면 어떤 외모가 되고 싶다고 생각하나요?

학생들이 말하는 외모의 기준을 칠판에 모아 적는다. 완벽한 여자아이와 완벽한 남자아이로 구분하여 적어 보면 자연스럽게 여자아이들에게 더 많은 요구가 있는 것이 드러난다. 학생들 사이에서 왜 여성에게 더 세분화된 기준이 존재하는지에 대한 물음과 대답이 자연스럽게 오가기도 한다.

▶ 이런 기준을 모두 만족하는 사람이 있을까요? 만약 있다면 그 사람들은 자신의 외모를 어떻게 생각할까요?

아름답고 잘생기기로 유명한 연예인들이 스스로의 외모에 대해 자신이 없다, 만족스럽지 못하다, 부족하다고 인터뷰한 내용을 모아 PPT 자료를 만들어 활용했다. 실제로 예쁘다는 외모 평가를 많이 받는 사람일수록 자신이 어떻게 보이는가에 신경을 더 많이 쓰고 완벽하지 못함에 불안을 느낀다고 한다.

▶ 여러분은 사람들이 더 아름다워지기 위해서 하는 미용 시술의 종류가 130가지가 넘는다는 것을 알고 있나요?

이미 정해져 있는 130가지의 기준에 완벽하게 맞는 사람은 아마 세상에 없을 것이다. 그러나 우리는 이 기준에 가까워지려고 많은 시간과 노력을 투자한다. 그러다가 결국에는 한계가 있다는 사실을 깨닫고 슬퍼한다. 생각해 보면 외모는 타고나는 것이기 때문에 노력한다고 해서 아주 다른 사람처럼 바뀔 수는 없다.

외모를 다루는 방식

▶ 왜 우리는 특정한 외모가 아름답다고 생각하게 되었을까요? 여러분은 그런 외모가 완벽한 외모라는 것을 어떻게 알았나요?

- 버스나 지하철 같은 대중교통의 옥외 광고, 인터넷의 광고에서 볼 수 있는 성형과 미용의 이미지 자료, 스타들의 외모와 관련한 기사들을 함께 보며 생각을 나눈다.
- 여성의 외모가 성공, 성취와 연결된 내용을 담은 광고나 뚱뚱하고 못생긴 여성의 존재를 지우거나 조롱의 대상으로 묘사한 영상을 보며 비판할 점을 찾아본다.

▶ 이런 영상이나 사진들은 우리에게 어떤 영향을 줄까요? 여러분도 혹시 외모에 대한 압박이나 스트레스를 받은 경험이 있나요?

- 외모 강박의 경험을 함께 나눈다. 남학생들은 큰 키, 적당히 마르고 근육이 있는 건강한 몸에 대한 선망이 있거나 외모에 대한 압박을 거의 느끼지 않지만, 여학생들은 심각할 정도로 마른 몸에 대한 압박을 느낀다는 것을 비교할 수 있다. 실제로 고학년의 많은 여학생들이 학급 단체 사진을 찍을 때 손으로 얼굴을 가리는 포즈를 취하고, 중·고등학생들은 화장하지 않은 맨 얼굴을 가리기 위해 마스크를 쓰기도 한다.
- 저학년 학생들 중 상대적으로 외모 압박에서 자유로운 학생들이 있다. 이런 경우 머리 모양을 바꾸었는데, 마음에 들지 않아서 놀림받을까 봐 걱정했던 경험을 예로 들 수 있다.

▶ 혹시 외모가 마음에 들지 않아서 학교에 가기 싫거나 밖에 나가기 싫었던 적이 있나요?

이런 고민을 겪는 것은 일부의 문제가 아니라는 것을 알려 준다. 청소년의 절반 정도[17]는 건강하거나 체중이 적게 나가는데도 자신이 뚱뚱하다고 느낀 적이 있다고 한다. 이런 경험은 스트레스와 우울감을 높이고 필요한 만큼 음식을 먹지 못하게 만들어 건강을 해칠 위험이 있다.

외모 압박에서 자유로워지기 위한 방법

▶ 언제 외모에 대한 압박을 느끼는지 떠올리고 그 상황을 피할 수 있는 방법을 찾아봅시다.

- 학생들의 반응을 판단 없이 수용하고 교사의 정돈된 언어로 칠판에 정리한다. 학생들의 아이디어가 현실 감각이 없더라도 문제의식을 공유하는 과정, 함께 웃으며 해결 방법을 찾는 과정이 압박에서 벗어나는 데 도움이 된다.
- 우리 반 학생들의 경우에는 꿈이나 미래, 나의 장점 등 다른 생각을 떠올리기, 외모에 대해 말하지 않기, 그런 생각을 하는 장면이 TV에 나오면 채널을 돌리기 등을 피할 수 있는 방법으로 찾았다. 더 적극적인 방법, 예를 들면 외모 평가에 대한 발언이 있을 때 멈출 수 있도록 하는 약속의 언어나 행동을 찾을 수도 있다.

---

17 윤현정 청주대 간호학과 교수의 연구에 따르면, '신체 이미지 왜곡'은 정상 체중이거나 저체중에 포함되지만 자신의 체형을 살이 찐 편이라고 인지한 학생에 해당한다고 정의한다. 남학생의 39.9%, 여학생의 61.4%에 신체 이미지 왜곡이 있는 것으로 나타나는데, 이를 통해 남학생보다 여학생의 신체 이미지 왜곡이 통계적으로 유의하게 높다는 사실을 알 수 있다.

▶ 외모에 대한 칭찬은 어떤 영향을 끼칠까요?

- 우리는 다른 사람을 기분 좋게 하거나 칭찬하려는 뜻으로 외모를 평가하는 말을 많이 한다. 어떤 학생이 친구에게 "오늘 참 예쁘다."라고 칭찬의 말을 했다고 하자. 칭찬을 들었을 때 처음에는 기분이 좋겠지만 그다음부터는 친구들에게 예쁘게 보이는지에 계속 신경을 쓰게 될 것이다. 이 학생이 외모에 집중하느라 놓치게 되는 것에는 무엇이 있을지 생각해 본다.
- 학생들의 대답을 칠판에 정리한다. 남들에게 어떻게 보이는지 신경 쓰느라 생각보다 많은 것들을 놓치고 있다는 것을 확인한다.

▶ 외모에 대한 평가는 내가 자유롭게 무엇을 선택하는 것을 방해할 수도 있을까요?

특정한 기준과 나를 비교하게 만들고, 내 몸을 있는 그대로 바라보기 힘들게 만든다. 이러한 잘못된 평가는 직접 대화를 주고받는 사람뿐 아니라 그 자리에 있는 모든 사람들에게 영향을 준다.

▶ 칭찬에도 이렇게 신경을 쓰는데, 놀림받고 차별받을 때는 어떨까요?

- 외모로 친구를 놀리는 일이 나쁘다는 것을 모르는 학생은 아마 없을 것이다. 하지만 그래도 괜찮다, 재미있다고 넘어가 주는 주변 친구들의 분위기가 있어서 계속하는 것이다. 그런 상황에서 어떻게 반응하는 것이 함부로 외모를 평가하지 않는 분위기를 만들 수 있을지 생각해 본다.
- 외모를 평가하는 말을 들었을 때 받아칠 수 있는 말, 주변에서 막을 수 있는 말들을 찾아보고 간단한 역할극을 만들어 직접 사용해 보는 연습을 할 수도 있다.
- 우리의 팔과 다리는 예쁘게 보일 수도 있지만 물건을 들어 올릴 수도 있고, 빠르게 달릴 수도 있고, 춤을 추거나 높이 뛰어오를 수도 있다. 어떻게 보이는지보다 어떤 일을 할 수 있는지, 어떻게 느끼고 어떻게 움직이는지에 더 집중해 보자.

실천하고 생각해 보기

▶ 더 해 보면 좋을 활동

• "거울아 거울아, 이 세상에서 누가 제일 예
  쁘니?"라는 질문에 뭐라고 답하면 좋을지
  포스트잇에 적어 붙인다.

• 『난 내가 좋아(카렌 보몽 글, 데이비드 캣로우
  그림)』를 함께 읽는다.

• '키가 작아도 괜찮아.', '예쁘지 않아도 괜찮
  아.', '뚱뚱하면 어때?', '지금도 충분히 만족스러워.' 등의 메시지가 적힌 나만의 버튼
  을 만든다.

• 외모에 대해 말하지 않는 하루(일주일)를 살아 보고 느낌을 나눈다.

• 일주일 동안 외모를 가꾸는 데 투자한 시간을 기록하고 서로 비교해 본다.

• 학생의 보호자와 수업 내용을 아래와 같이 공유한다.

오늘은 학생들과 외모에 대해 이야기를 나누어 보았습니다. 학생들은 어른들이 하는
외모와 관련한 대화, 방송이나 광고에 등장하는 연예인들의 모습을 통해 특정한 모델
이 되는 외모의 기준을 배우고, 그렇게 되도록 노력해야 할 것 같은 마음이 든다고 이
야기했습니다.

외모가 마음에 들지 않아서 밖에 나가기가 두려웠던 경험을 함께 나누고 그런 고민을
극복하기 위한 방법에는 무엇이 있을까 생각해 보았습니다. 우리 반 친구들이 찾은 해
결 방법은 다음과 같습니다.

1. 외모에 대한 관심을 다른 곳으로 돌리기(미래, 꿈)

2. 내가 잘하는 것이나 장점에 대해 생각하면서 나를 사랑하기

3. TV를 많이 보지 않기

4. 외모에 대해 서로 이야기하지 않기, 외모를 가지고 놀리는 친구가 있을 때 웃어 주지 않기

어린이들이 받는 외모에 대한 압박은 부정적인 자기 인식, 우울과 불안, 식이 장애로 연결됩니다. 학생들이 자신의 몸을 있는 그대로 사랑하고, 사랑하는 사람들에게도 받아들여질 수 있도록 함께 노력해 주기를 부탁드립니다.

• 꾸준히 수업 자료나 학교 밖에서 접하는 미디어를 비판적으로 읽을 수 있도록 안내해 보자. 학생들은 한번 배우면 찾고 발견하는 데서 재미를 느낀다.

외모 강박은 아프다

외모에 강박을 느끼는 사회 분위기는 새로울 것이 없다. '외모도 스펙이다.', '취업 성형'과 같은 말은 이미 오래전부터 있었다. 15년 전, 고등학교 3학년 입시가 끝나고 나와 친구들은 다이어트를 시작했고, '무쌍'인 친구들은 겨울 방학 동안 쌍꺼풀 수술을 하고 나타났다. 장난처럼 귀걸이를 하면 1.5배, 머리를 기르면 2배 예뻐지는데, 살을 빼면 10배 예뻐진다고 얘기했다. 오랜만에 만난 친구들과 서로 예뻐졌다고 칭찬을 주고받고, 누군가는 아주 '여자'가 되어서 못 알아볼 뻔했다는 말을 나누었다. 우리는 '여자'로 보이기 위해 '여장'을 해서 꾸며야 한다는 사실을 알고 있었던 것이다.

직장인이 된 지금은 각종 주사와 시술, 눈썹 문신, 아이라인 문신과 레이저 제모 같은 정보를 공유한다. 퇴근 후에는 온라인 의류 쇼핑몰의 여성 모델의 몸매, 소셜 미디어 속 후기의 형식을 가진 다이어트 보조제 광고를 한참 들여다보며 라인을 예쁘게 살려 준다는 필라테스나 요가 학원을 등록해야 하지 않을까 고민한다.

화장을 안 하면 안 될 것 같은 학교 분위기와 관리자, 동료 교사, 학부모, 학생들에게 받는 코멘트들. 신학기가 되면 머리를 새로 하러 가고, 자연스럽게 새 옷을 사고, 공개 수업이 있는 날이면 더욱 신경 써서 나를 꾸미던 모습. 일상적으로 외모에 대한 대화를 나누고 사진 속의 몸매와 나를 끊임없이 비교했던, 이 교실에서 가장 오랜 시간에 걸쳐 외모 기준을 내면화해 온 사람은 누구일까?

이 시대의 소녀들은 아주 어린 시절부터 스마트폰의 카메라 렌즈에 자신의 모습을 비춘다. 새로 올린 셀카 게시물에 '귀엽다', '예쁘다'는 댓글과 '좋아요'가 몇 개 달렸는지를 끊임없이 확인하며, 그 개수로 외모를 평가받는다. 미디어에 등장하는 소녀들과 또래의 아이돌들은 인형처럼 완벽한 외모를 지니고 있는데도 활동을 시작하기 전에 1일 1식, 원푸드 다이어트를 했다고 인터뷰하며, 40킬로그램대의 비현실적인 몸무게를 공개한다.

이전 세대보다 훨씬 강한 외모 압박에서 성장한 10~20대 여성들 사이에서, 부러뜨린 립스틱과 짧게 자른 머리카락으로 '더 이상 꾸미지 않겠다'는 저항의 메시지가 강하게 지지받는 것은 어쩌면 당연한 일인지도 모르겠다.

틴트까지 허락하느냐, 눈 화장을 허락하느냐는 문제의 핵심이 아니다. 아무리 노력한다고 해도 우리는, 우리 학생들은 외모에 신경을 쓸 것이고, 이것을 비판할 수는 없다. 다만 내 자신이 어떻게 보이는가에 많은 시간과 돈과 에너지를 쏟을 때, 인생에서 놓치게 되는 중요한 것들이 있다는 것은 분명해 보인다.

소녀가 화장에 몰두하고 자신의 외모에 신경 쓰는 것은 수업 시간에 집중하는 데, 학업 성적에, 그리고 자신 있게 사람들 앞에 나서는 데 과연 어떤 영향을 줄까? 아침에 화장하느라 한 시간 일찍 일어나는 대신 30분을 더 자고 아침 식사를 하고 출근하는 것은 내 삶에 어떤 변화를 가져올까? 자기 몸을 있는 그대로 수용하고, 꾸미거나 꾸미지 않은 다양한 외모의 여성들이 일하는 모습을 보며 성장한 소녀의 미래는 어떤 모습일까?

> 외모 강박은 아프다. 외모 강박은 수많은 여성에게 우울증과 분노를 유발한다. 뿐만 아니라 여성의 시간과 돈, 에너지를 앗아 간다. 그리고 꿈과 삶에서 점점 더 멀어지게 한다. 세상을 마주하는 대신 계속 거울을 마주하게 한다.
>
> - 『거울 앞에서 너무 많은 시간을 보냈다』, 러네이 엥겔른, 웅진지식하우스

난 내가 좋아

1. 이 책의 그림이나 내용 중에 인상적이었던 부분을 골라 보세요. 왜 그 장면이 인상적이 었나요?

2. 이 책 속의 문장 중에 마음에 드는 문장을 골라서 적어 보세요. 왜 그 말이 마음에 들었 나요?

3. 여러분은 어떤 일을 할 때 내 모습이 멋지다고 생각하나요? 떠오르는 대로 다 적어 보 세요.

4. 책 속에서 마음에 들었던 문장이나 여러분의 생각을 담은 버튼을 만들어 보세요.

내가 외모에 신경 쓰는 시간은
얼마나 될까?

1. 매일 자신의 외모를 위해 하는 일과 걸리는 시간을 적어 보세요.

   예) 머리 말리기 20분, 옷 고르기 30분, 줄넘기 40분

2. 일주일 동안 내가 외모를 위해 사용한 시간은 몇 분인가요?

3. 이 시간을 다른 일에 사용할 수 있다면 어떤 일을 하고 싶은가요?

4. 무엇을 느끼고 어떤 생각을 했나요?

선생님들께 드리는
몇 가지 제안

여학생들에게 외모에 대한 언급을 하지 마세요.

우리는 남학생들보다 여학생들에게 외모에 대한 언급을 더 많이 하는 경향이 있습니다. 장난처럼 주고받는 뚱뚱하고 못생겼다는 말은 특히 여학생에게 심한 모욕이 되고, 여학생이 놀다가 얼굴에 상처가 나면 남학생 얼굴에 난 상처보다 훨씬 걱정합니다. 이런 경험은 무의식중에 여성에게 외모가 무엇보다 중요하다는 인식을 심어 줄 수 있습니다. 여학생들에게 옷이나 외모에 대해 언급하기보다는 노력한 것, 성취한 것에 대해 멋지고 대단하다고 말해 주세요.

보이는 것보다 중요한 것이 있다는 것을 알려 주세요.

"넌 충분히 예뻐."는 "넌 못생겼어."보다 나은 말이지만 여전히 예쁘게 보이는 것이 중요하다는 메시지를 담고 있습니다. 예쁘게 보이는 것 말고도 세상에는 중요한 일이 많다는 것을 알려 주세요. 남들에게 어떻게 보일지에 집중하기보다 어떤 사람이 되고 싶은지, 어떤 일을 하고 싶은지에 집중할 수 있도록 이야기해 주세요.

다양한 여성의 모습을 보여 주세요.

공부하라고 강요하는 것처럼 소녀들에게 화장하라고 강요하는 선생님이
나 보호자는 없습니다. 그러나 소녀들이 집 밖에서 만나는 학교의 선생
님, 성인 여성들은 하나같이 화장을 하고 있는 모습이고, 맨 얼굴은 부끄
러운 것처럼 생각하는 분위기에서 자랍니다. 그렇기 때문에 있는 그대로
자신의 모습을 받아들일 수 있도록, 의도적으로 다양한 외모를 가진 여성
의 모습을 수업 자료에 제시해 주세요.

수업을 준비하면서 참고하면 좋을 자료

『거울 앞에서 너무 많은 시간을 보냈다』 러네이 엥겔른 지음, 웅진지식하우스
『내 몸을 찾습니다』 몸문화연구소 지음, 양철북
『무엇이 아름다움을 강요하는가』 나오미 울프 지음, 김영사
『뚱뚱해서 죄송합니까?』 한국여성민우회 지음, 후마니타스
〈거꾸로 가는 남자〉, 엘레노르 포리아트 감독, 넷플릭스

12월

잃어버린
승진의 기회를 찾아서

승진 왜 안 하세요?

12월, 정기 전보를 위한 서류 작업을 마치고 나면 다음 해의 학년 배정, 업무 분장이 시작된다. 해마다 받는 업무 희망 신청서는 희망하는 학년, 지원하고 싶은 업무, 보직 교사나 청소년단체 지도 희망 여부와 결혼, 임신, 출산 계획 표시란으로 구성되어 있다. 말로는 결혼, 임신과 출산 예정인 교사를 배려해 주기 위함이라는데, 남성 교사들도 이 비고란에 본인의 결혼, 배우자의 임신이나 출산 계획을 적어 내는지 항상 궁금했다. 파견이나 대학원 진학 같은 이유로 학기를 온전하게 마치지 못하는 경우도 있는데, 업무 분장을 효율적으로 하기 위한 것이라는 이유로 왜 여성에게만 결혼과 출산을 질문하는지 모르겠다.

이번에는 몇 학년에 자리가 있고, 어디가 경합인지, 어느 업무 담당자가 전보를 신청했는지 등의 내용은 편안히 한 해를 보내고 싶은 사람도, 승진을 위해 다음 스텝을 준비하는 사람도 모두 초미의 관심사다. 그렇게 다가올 한 해의 운명은 눈치와 처세술에 달려 있다고 해도 과언이 아니다.

어떤 학교는 보직 교사를 희망하는 사람이 많아 치열한 경쟁이 벌어지고, 어떤 학교는 보직 교사 지원자를 구하기 어려워 교감 선생님이 교실마다 방문해 권유하기도 한다. 교육대학교 남자 동기들은 1급 정교사 자격을 얻기도 전에 부장 경력이 생기기도 했다. 나와 경력이 비슷한 한 남성 교사도 작년에 학년 부장을 맡아 주면 좋겠다는 교무 부장과 연구 부장의 제안을 받았다고 했는데, 그 학교에 근무하는 같은 나이, 비슷한 경력의 여성 교사는 학년 부장을 희망했으나 이런저런 이유로 배정받지 못했다고 했다.

> 내 직장에서만은 성별에 따른 임금 차별이 존재하지 않는다고 생각할수록 무언가 놓치고 있을 확률이 높다. 성차별주의는 사회의 일부에서 때때로 발생하는 현상이 아니라 사회가 뿌리박은 토양이다. 사회의 일부분인 직장이 여기서 외따로 존재할 확률은 아쉽게도 아직 없다.
>
> ─『잃어버린 임금을 찾아서』, 이민경, 봄알람

사람들은 흔히 초등학교 교사가 '양성평등'이 이루어진 직업이라고 생각한다. 현장에 근무하는 교사 대다수도 그렇게 생각할 것이다.

"우리는 성차별 없지 않아? 오히려 남자들이 기를 못 펴고 다니지."라고 말하는 여성 교사들도 많다. 오히려 언론에서는 교단의 여초 현상이 심각해지고 있다고, 남교사가 한 명도 없는 초등학교가 있다고, 교단의 여성화가 학생들에게 미칠 영향이 걱정된다고 한목소리를 낸다. 하지만 초등학교 교단보다 남성 교사를 훨씬 찾기 힘든 유치원이나 어린이집의 여성화는 걱정하지 않는다. 이미 오랫동안 유지되었던 다른 직업군, 대학 교수나 고위 공무원, 국회의원이나 대기업 CEO 등의 남초 현상에 대해서도 마찬가지다.

교사 선발에서는 시험이 큰 비중을 차지한다. 면접이 차지하는 영향이 상대적으로 적기 때문에 최근 문제가 된 공공 기업이나 은행들의 여성 지원자 고의 탈락, 점수 조작과 같은 불이익에서도 비교적 안전한 편이다. 같은 직급에 같은 호봉이라면 임금도 같고, 이제 학교에 여성 관리자도 제법 눈에 띈다. 이렇게 보면 평등하다고 생각하는 것이 전혀 무리가 없어 보인다.

정말 우리는 평등할까?

2017년 전국 교육대학교 입학자 지원자는 여학생 16,924명, 남학생 6,762명이었고, 입학자는 여학생 2,665명, 남학생 1,198명이었다.(교육대학교에서는 정책적으로 선발 인원의 성비를 조정한다. 어느 한쪽 성이 모집 인원의 65~80%를 초과하는 경우 미달하는 성에서 충원한다. 다른 성별 간 점수 차이는 전형 총점의 5% 이하여야 한다.) 언론에서는 교단의 여초 현상을 걱정하지만 교육대학교 남학생 수는 성비 적용이 완화되었던 1996년에는 19.4%, 2006년 34.5%를 기록한 이후 30%대를 계속 유지하고 있다. 경제 상황이 불안정해지면서 남학생들의 교육대학교 선호는 오히려 꾸준히 증가하고 있다.[18]

그런데 남학생 지원자 수보다 훨씬 더 많은, 우수한 성적의 여학생들이 교육대학교에 지원하는 이유는 무엇일까? 생각해 보면 어린 시절 선생님을 제외하고는 나이 든 여성이 안정적인 직업 활동하는 모습을 본 적이 없다. 내 부모님 세대의 여성들은 대부분 결혼과 동시에 자연스럽게 일을 그만두었다. 지금도 30대 후반 남성의 고용률이 91.9%인데 반해 여성의 고용률은 56.5%로 저점을 찍는다.[19] 62만 5천 명의 여성이 결혼을 이유로, 45만 1천 명의 여성이 임신과 출산으로 경력 단절을 경험하고 있고[20], 재취업을 하기 위해서는 비정규직, 시간제 일자리의 저임금을 각오해야 한다. 아직도 가사와 육아가 여성의 일이라고 생각하는 이 사회에서 우리나라 어느 직업보다 출산 휴가나 육아 휴직 후 복직을 확실하게 보장하는 이 직업은 매력적이다.

18 『2017년 교육통계연보』, 한국교육개발원, 2017.
19 "2017 통계로 보는 우리나라 노동시장의 모습", 고용노동부, 2017.
20 "지역별고용조사(부가항목)", 통계청, 2017.

나는 첫 번째 대학 입시 원서를 내 마음대로 썼다가 실패를 했다. 그러나 운 좋게도 한 번의 기회를 더 가질 수 있었는데 나와 내 부모님은 "딸을 뭐 하러 재수까지 시키냐?", "딸은 시집가면 끝인데 왜 공부에 돈을 들이냐?"라는 주위의 말을 들어야 했다. 아들을 둔 부모에게 "아들을 뭐 하러 재수까지 시키냐?", "아들은 장가가면 끝인데 왜 돈을 들이냐?"라고 말하는 사람은 없다.

하지만 두 번째 입시에서 진학을 고민할 때는 차마 한 번 더 해 보겠다는 말이나 소신 지원을 하겠다는 말은 입밖으로 꺼내기 어려웠다. 부모님은 지인의 딸이 초등학교 교사를 하면서 얼마나 만족스러운 삶을 사는지에 대해 이야기하며 교육대학교를 강하게 권유했다. 당시에 갑자기 교대가 큰 인기를 얻기도 했고, 초등학교 교사라는 직업이 중학교 교사보다 경쟁이 덜하면서 정년까지 보장되고, 무엇보다 여자에게 적당히 잘 어울리는 직업이라고 생각도 했을 것이다.

그때도, 지금도 가장 듣기 싫은 말은 '교사는 1등 신붓감'이라는 말이다. 여성의 직업 활동을 인정하지 않고 결혼 전의 준비 과정쯤으로 여기는 말이어서 기분 나쁘기도 하고, 사회가 '여성의 역할'이라고 생각하는 돌봄 노동을 직장에서도, 가정에서도 충실히 수행할 것을 의도하는 말이기 때문이다.(사실 교사가 갖는 안정된 고용과 수입은 오히려 신부가 될 일 없는 여성에게 더 매력적이다.) 반대로 적당히 1등 신랑감이 되라고 남학생에게 교육대학교 진학을 추천하지는 않는다.

임용에서도 남성 우대?

교육대학 입학의 경쟁을 뚫었다면 이제 임용의 관문이 남아 있다. 교육부가 제공한 자료에 따르면 2016년도 각 시도 교육청에서 선발한 초등 교원 임용 선발 합격자는 총 5,648명이고 그중 여성은 3,694명으로 65.4%를 차지한다. 남교사 씨가 마르다고 걱정했던 언론의 호들갑에 비하면 교육대학교에 입학한 남학생의 비율과 신규 임용 남교사 수가 그리 차이 나지도 않고 적지도 않다. 그러나 지역별로 자세히 들여다보면 차이가 크다. 울산(86.2%), 서울(86.1%), 대구(83.1%), 대전(80.0%)은 여성 합격자의 비율이 80%를 넘고 충남(41.3%)과 충북(48.5%)은 오히려 남성의 비율이 더 높다.(2016년도 초등 교원 임용에서 울산, 서울, 대구, 대전의 경쟁률은 각각 2.16, 2.27, 1.84, 2.29였고 충남과 충북의 경우 0.87, 0.84로 미달이었다.) 대체로 여학생들의 합격 비율이 높은 곳들은 임용의 경쟁률도 높고, 이미 현장의 여성 교사 비율도 높다.

남성 선호가 없는 직장이 대한민국 어디에 있겠는가 싶지만, 학교도 마찬가지다. 학교 현장에서는 남성 신규 발령자를 데려오는 교장이 능력 있는 관리자라는 얘기를 한다. 새로 오게 될 사람의 이름이 흔히 생각하는 남성의 이름이라면 미리 정보나 체육 관련 업무를 배정해놓기도 한다. 만약 여성 신규 임용 교사와 남성 신규 임용 교사가 함께 발령받아 전 직원 앞에서 인사를 한다면, 누구 차례에 환호와 박수 소리가 클지 짐작하기 어렵지 않다. 남성 교사가 여성 교사보다 많은 학교는 많지 않다. 남성 교사는 어디서나 늘 귀하고 더 환영받는다.

교사 임용 면접에는 현장의 교감, 교장들이 평가위원으로 참여한다. 면접 진행에 참여했던 한 교사는 남성 지원자들을 면접할 때의 분위기가 더 좋고 후하다는 느낌을 받았다고 얘기했고, 평가위원으로 참여한 어떤 관리자는 "대개 남성 지원자들이 면접을 못 보는 편인데, 그렇다고 남성이기 때문에 점수를 더 주거나 할 수는 없다."고 했다. 또 어떤 관리자는 실습 자리에서 "남학생들이 우리 지역에 많이 지원했으면 좋겠다.", "논술 시험에서 남자 글씨여야 점수를 더 높게 받는다."는 발언을 하기도 했다. 취업 현장에서 최고의 스펙은 '남자'라는 말은 우스갯소리가 아니다. 공정해야 하고, 공정하다고 믿는 임용 시험에서조차 남성을 우대하는 분위기가 공공연하다.

그 많은 여교사는 어디로 갔을까?

학교에 새로운 관리자가 부임하면, 교사들은 모든 인맥을 동원해 정보를 모은다. 이런 정보는 학년 연구실이나 단체 카톡방에 공유된다. 더 이상 여성 관리자가 드물지 않은 시대라고 하지만 여전히 "이번에 부임하시는 교감(교장) 선생님은 여자분이랍니다.", "아, 여자 관리자는 깐깐해서 싫은데……."와 같은 표현이 종종 등장한다. 새로 발령받은 신규 교사가 여성인 것은 당연하고 관리자가 여성인 것은 아직도 어색하다.

여성가족부와 교육부의 통계에 따르면 2017년 4월 기준 여성 교육 전문직(장학관, 장학사, 교육연구관, 연구사)은 전체 4,450명의 46.1%인 2,015명으로 집계되었다. 2013년 38.4%, 2014년 41.7%, 2015년 45.2%로 지속적인 증가 추세이고, 역시 여성 교장이 3,178명으로 32.8%, 교감이 4,674명으로 48.4%로 늘고 있는 추세와 맞물려 여성 교원의 지위 향상을 반영하는 수치라고 해석하고 있다.[21]

초등학교 여성 교장의 경우는 1999년에는 5,506명 중 309명으로 5% 정도였다. 물론 이때에도 여성 교원은 전체 교원의 62% 수준이었다. 그 이후로도 여성 교장의 비율은 2007년 10%, 2012년 16% 수준에 불과했다. 한국여성정책연구원의 '성인지통계자료'에 의하면 2010년 전체 124명의 전국 교육장 중 여성은 7명이었고, 그 이전에도 3~9% 정도였다. 현재 전국 17개 시도 교육감 중 여성은 2명뿐이다. 2010년과 2014년에는 1명도 없었다.

2018년 전체 초등 교원 수 대비 23%를 차지하는 남성 교원이 보직 교사에서는 36%, 교장에서는 55%의 절반이 넘는 비율로 역전하는 것은 어떻게 설명해야 할까? 여성 교사가 남성 교사보다 무능력하기 때문일까? 그 어렵다는 교대 입시와 4년의 학점 관리, 임용 시험의 문턱

---

21 〈女교장·교감 못지않게… 여성 교육전문직도 급증〉, 『문화일보』, 2018.10.2.

을 넘은 수많은 여교사들은 다 어디로 갔단 말인가?

유리 에스컬레이터

1992년 미국의 크리스틴 윌리엄스는 그의 연구에서 '유리 에스컬레이터'라는 개념을 소개했다. 이 연구는 사회 복지나 간호, 초등 교육, 도서관 사서와 같이 미국에서 대표적으로 여성이 다수를 차지하는 분야에 종사하는 남성들이 받는 차별과 불이익을 조사하기 위함이었다. 그러나 심층 인터뷰 결과, 오히려 많은 남성들이 자신이 남성이기 때문에 특혜를 받았다고 했다. 한 도서관 사서는 자신이 남성이기 때문에 여성 사서들을 제치고 중학교 사서가 될 수 있었다고 했다. 또 초등 특수 교사는 고용과 승진에서 남성이기 때문에 이점이 있었다고 했고, 간호사들은 현장에서 남성을 선호하는 경향이 있다고 말했다. 대부분의 남성들은 남성 관리자들과 '남성으로서' 개인적 유대, 좋은 관계를 형성하고 있었고, 이런 개인적인 관계가 그들이 쌓게 될 경력에 중요한 결과를 가져올 수 있다고 했다.

크리스틴 윌리엄스는 남성 지배적인 분야에 진입하는 여성들이 '유리 천장', 즉 성차별과 불이익을 경험하는 것과는 대조적으로 남성들은 고평가되며, 마치 '유리 에스컬레이터'를 타고 빠르게 관리직으로 승진하는 것 같다고 설명했다. 그리고 오히려 이 분야의 남성들에게

장애물이 되는 것은 직장 밖의 사람들로부터의 성차별적 편견이었고, 동료와 관리자에게 승진의 압박을 받는 것이라고 했다.[22]

11월이면 학교 폭력 승진 가산점을 위한 보고서를 제출한다. 학교별로 가산점을 받을 수 있는 인원이 정해져 있기 때문에 승진하려는 교사들이 많이 모인 학교는 보고서로 산을 쌓고, 승진하려는 교사들이 적은 학교는 직원 협의 시간에 이런 말을 하며 제출을 독려한다.

"특히 남자 선생님들은 귀찮아하지 마시고 보고서 제출하세요. 승진하셔야지요."

1정 자격 연수 점수를 평가하기 위한 시험을 볼 때에는 이런 일도 있었다. 시험을 시작하기 전, 안내 사항과 주의 사항을 전달하기 위해 시험장에 들어왔던 연구사(혹은 장학사)가 "여선생님들, 점수도 필요 없으시면서 괜히 열심히 공부해서 승진하실 남자 선생님들 앞길 막지 마시고, 남자 선생님들 좀 보여 주시고 그러세요."라고 말했다.

교직이 인기라고는 하지만 '여성적인 일'이라는 편견은 여전하다. 그래서인지 많은 남성 교사들이 발령받은 지 얼마 되지 않아 관리자가 되기 위해 승진을 준비한다. "저는 남자라 승진을 해야 해서요."라는 말로 양해를 구하며 가산점을 받는 데 필요한 업무를 가져가기도 한다. 평교사로 남고자 하는 남성 교사에게는 주위 선배들이 부장도

---

22 Christine L. Williams, 〈The Glass Escalator: Hidden Advantages for Men in the "Female" Professions〉, (University of Texas at Aus, 1992. 8).

하고, 승진도 해야 한다며 압박을 준다. 남성 교사들이 "남자니까 승진해야지."라는 기대와 지원을 받으며 유리 에스컬레이터로 빠르게 위로 올라가는 동안 여성 교사들은 "여성이지만 할 수 있다."는 것을 보여 주기 위해 애쓰며 계단을 올라가야 한다.

아이는 어떻게 하고 나오셨어요?

"우리는 일터에서 누가 승자이고 누가 패자인지에만 관심을 가질 뿐 가정과 일터를 연계시키지 않는다."

애너벨 크랩은 『아내 가뭄』이라는 책에서 가사 노동을 전담하는 '아내'가 있다는 사실 자체가 굉장한 이점이라는 것과 여성, 특히 자녀가 있는 여성이 경력을 쌓는 과정에서 마주치는 장애물에 대해 다양한 데이터로 설명한다. 그리고 "일하는 엄마는 직업이 없는 사람처럼 아이를 키우면서 아이가 없는 사람처럼 일을 하는 압박에 시달린다."고 표현했다. 다시 말하면 우리는 일터 이외의 장소에서 여자들에게 무슨 일이 벌어지고 있는지도 파악해야 한다는 것이다.

예를 들면 이런 것이다. 아침에 잠이 덜 깬 아이들을 억지로 먹이고 입히고 챙겨서 어린이집에 보내고 눈썹이 휘날리게 학교에 출근하면 겨우 지각을 면한다. 겨우 그날의 수업을 마치고 업무를 처리하면서 머릿속 한쪽에서는 오늘 저녁은 뭘 준비하나, 오늘은 쓰레기 분리 수

거를 하는 날이구나, 정수기 필터 교환 날짜가 다가왔는데 언제로 예약을 할까, 주말에 부모님이 오시기로 했는데 뭘 준비할까, 당장 청소부터 해야 하는데, 장은 언제 보러 가는 게 좋을까를 고민한다. 어쩌다 아이가 아프기라도 한 날에는 큰일이다. 예전에 비하면 많이 자유로운 분위기라고 하지만 그래도 수업은 다 마치고 조퇴해야 할 것 같고, 학교 행사라도 있는 날에는 그것도 쉽지 않다. 학년 부장이 내년에 학년에 남아 부장을 해 볼 생각이 없냐고 물어봤는데, 큰아이가 내년에 초등학교에 입학한다. 학교 적응은 잘할지, 친구들을 사귀는 데 어려움은 없을지 걱정인데, 아무래도 안 되겠다. 휴직해야 할 것 같다. 이렇게 일터의 여성들은 퇴근 후 곧장 집으로 출근한다.

결혼을 하지 않은 여성 교사와 남성 교사의 일상은 그다지 차이 날 것이 없다. 스스로 아침을 준비하고 출근해서 업무를 하고 퇴근하고, 가끔은 여가를 즐기거나 밀린 집안일을 하며 하루를 마무리한다. 그러나 이들에게 가사를 전담하는 아내가 생긴다면 어떻게 달라질까? 누군가가 저녁 메뉴를 계획해서 사다 놓고, 식사를 준비해 주고, 계절마다 갈아입을 옷을 세탁해서 옷장에 넣어 주고, 물건을 정리하고 청소해 준다면? 필요한 물건들을 구입하고, 각종 공과금을 처리해 주고, 때로는 내 부모님께 나를 대신해 안부 전화를 해 주기도 하고, 이런저런 물리적, 정서적 편안함과 안정감으로 내가 일터에서 더 집중하고 열심히 일할 수 있도록 보살펴 준다면?

아이를 낳고 키우는 일은 수많은 시간과 고통, 노력과 인내가 따르는 힘든 일이다. 그런데 누군가 나를 닮은 사랑스럽고 귀여운 아이를 낳아 주고, 돌보고 가르치고 키워 주기까지 한다면? 나는 단지 하루에 6분 정도만 아이와 놀아 주거나 책을 읽어 주는 정도의 육아를 '돕고', 집안일을 '돕기'만 해도 된다면?(2016년 통계청 자료에 따르면 우리나라 아빠가 아이와 함께 보내는 시간은 하루 평균 6분이다. 2015년 통계청의 일 가족 양립 지표 조사 결과에 의하면 우리나라 맞벌이 남성이 가사 노동에 사용하는 시간은 하루 평균 40분, 여성은 194분이다.)

우리 사회는 이런 여건이 직장에 미치는 영향과 업무적 성취에 전혀 관련이 없는 것처럼 이야기한다. 남성들은 결혼으로 아내를 얻지만 여성들은 아내가 된다. 특히 임신과 출산, 아이가 생기기 시작하는 시점부터 둘의 경쟁력의 차이는 어마어마해진다.

"나는 육아 휴직을 하기 전에도 우리 학교에서 학년 부장을 해 보고 싶었어. 그런데 이런저런 이유 때문에 나보다 나이가 몇 살 더 많은 다른 선생님이 하는 게 나을 것 같다고 해서 못했지. 이번에도 학교를 옮기기 전에 학년 부장을 희망한다고 얘기했는데, 업무 분장 희망서 적을 때 보니까 직전 2년 경력만 인정해 준다고 되어 있더라. 그러면 나는 2년 쉬었으니까 이 학교에 새로 온 사람이랑 똑같은 거야. 복직하는 사람에게 굉장히 불리한 인사 규정이지. 올해 개정하기로 했는데, 나는 내년에 학교를 옮겨. 새 학교에서 또 경력을 쌓고 부장을 하기까지 시간이 걸리겠지? 한 번 밀리니까 계속 밀리는 기분이야. 내가 학교를 옮기고, 어떤 일을 하고, 교사로서의 미래를 상상할 때, 임신과 출산, 육아와 같은 일들이 사실은 내 모든 인생 계획을 흐트러지게 할 수도 있거든. 그런데 내 배우자를 보면, 그 사람의 교사로서의 삶에는 이런 것이 전혀 영향을 주지도 않고, 고려되지도 않는 것 같아. 임신부터 시작해서 5년 정도는 내가 할 수 있는 것, 하고 싶은 것을 거의 못하게 된다고 봐. 술자리나 친목 같은 자리에서 중요한 일들이 의논되고 결정된다면 임신했을 때 음주를 못하는 것과 같은 이유로 사회적 활동 영역이 줄어들지. 또 내가 어떤 일을 할 기회가 생겨도 출산으로 몇 년을 쉴 계획인데, 하다가 그만둘 일을 굳이 열심히 할 필요가 없지 않겠어? 어쨌든 지금은 활동하면서 같이 일했던 사람들과 연결이 끊어진 게 너무 속상해. 그전에 알고 지내던 사람들을 다시 봐도 오랫동안 못 봤으니까 서먹하고 어색해. 처음부터 전부 다시 시작하는 기분이야. 아, 그리고 임신했을 때 제일 짜증 났던 건 관리자 전용 주차 공간은 있는데 임신한 여성을 위한 전용 주차 공간이 없었던 거! 그 좁은 틈 사이를 비집고 나오는데 얼마나 서럽던지!"

- '2년 육아 휴직 후 복직한 30대 여성 교사의 인터뷰' 중에서

부부가 교사인데 한 사람이 승진을 준비한다면 아마 그는 남성일 것이다. 만약 둘 다 승진을 준비한다면 보통은 남자가 먼저 승진을 준비하고 그동안 여성이 가사와 육아를 전담하며 자신의 순서를 기다린다. 남성이면 당연히 먼저 승진할 것이라고 기대하는 이유는 사실 별거 아니다. 그냥 그러는 게 보기 좋아서, 남성이 여성들을 관리하는 자리에 있는 것이 익숙하고 자연스럽기 때문에, 가족 안에서도 왠지 여성이 남편보다 더 높은 사회적 지위에 오르는 것은 보기 불편하기

때문이다. 내가 자주 듣던 "나중에 결혼하고 애 낳기 전에 점수 쌓아라."는 말은 "결혼하고 애 낳으면 승진 못해. 가정과 승진 둘 중에 하나만 선택해."의 다른 버전이었다.

교육부에 따르면 2016년 전국의 2만 4,661명의 교사가 육아 휴직을 사용했는데, 이 가운데 남성 교사의 비율은 2.3%(556명)였다. 육아 휴직 교사 중 남성 비율은 2014년 2만 2,896명 중 1.5%(341명)에서 2015년 2만 3,815명 중 1.8%(418명)로 늘었지만 증가 폭은 오히려 중앙 부처나 지자체에 비해 낮은 편이다.[23]

자신이 없는 여자들, 편견과 싸우는 여자들

임원 선거가 있는 초등학교 교실에서는 가끔 회장 후보로 나서도 될 법한 여학생이 부회장을 하고 싶다고 한다. 학생들만 그럴까? 강의, 연수, 연구회 등의 모임에서 같은 그룹에 남성이 있다면 그룹의 리더 역할을 자연스럽게 남성이 맡는다. 연구회나 교사 네트워크와 같은 활동에 참여하는 여성 교사와 남성 교사의 수는 크게 차이가 없는데, 대표로 마이크를 잡고 발표하는 역할은 대체로 남성이 한다. 강의

---

23   〈"육아휴직 간다" 당당해진 '공무원 아빠'……신청자 20% 차지〉, 「연합뉴스」, 2017.6.25.

가 끝나고 사회자의 '질문 있으신가요?'라는 말에 제일 먼저 손을 들고 일어서는 것도 대개는 남성이다.

페이스북의 최고경영자 셰릴 샌드버그는 일반적인 업무 환경에서 구인이나 승진 공고의 공표된 10가지 기준 중 8가지를 갖추고 있는 여성들이 부족한 나머지 2가지 조건에 대한 불안감으로 망설이다가, 4가지만 충족되지만 자신감을 내뿜는 의기양양한 남성 지원자들에게 밀려난다고 말했다. 또 남성들은 업무 성과의 원인을 자신의 능력이 탁월하기 때문이라고 생각하지만 여성들은 외부 요인의 영향으로 돌린다. 운이 좋아서, 직장 동료 덕분에, 열심히 노력했기 때문이라고 대답하는 경향이 있다. 이런 차이들이 바로 여성의 승진을 방해한다. 남성들은 앞으로 나서는 것에 별 두려움이 없어 보이는데, 여성들은 왜 끊임없이 자신의 능력을 과소평가하는 것일까?

우리 사회는 남성들의 업무 능력이 뛰어날 것이라고 기대하면서도 남성들에게는 더 너그러운 잣대를, 여성들에게는 더 엄격한 잣대를 들이미는 경향이 있다. 교실이나 책상 정리를 못하는 것, 기한 내에 일람표나 다른 업무를 마감하지 못하는 것, 덤벙대고 실수하고 놓치는 것, 같은 행동도 여성 교사일 경우와 남성 교사일 경우 완전히 다른 평가를 받는다. 물론 이런 평가들은 평판이나 인사에 큰 영향을 준다. 여성이 0점에서 어렵게 점수를 쌓아 간다면, 남성은 100점에서 점수를 지킨다.

재계약이나 승진을 위한 평가권 때문에 업무상 위계에 따른 성희롱과 성폭력의 위협도 여전하다. 가해자에게는 "그럴 사람이 아닌데."와 같은 온정이, 성폭력에 대항하기 위해 신고한 교사에게는 "그건 좀 과하지 않냐?"는 질타가 쏟아진다. 그러나 용기 있는 성폭력 피해 생존자들의 이어지는 고백과, 함께하는 시민들이 보여 준 뜨거운 지지와 연대로 세상은 조금씩 바뀌고 있다. 더 이상 가해자들의 행동은 사회에서 용납되지 않을 것이다. 물론 미투 운동을 폄훼, 조롱하며 신체 접촉을 시도하는 일부 남성들을 만날 때 아직 갈 길이 멀다는 것을 느끼지만 말이다.

　이 모든 험난한 여정의 승진을 시도하고 성공하는 여성들이 있다. 그러나 그들은 또 다른 편견에 맞서야 한다. 여성 관리자들 중에는 비혼이거나 자녀가 없는 경우가 종종 있다. 교사들이 그런 개인 사생활을 이야깃거리로 소비하며 '노처녀', '깐깐하고 독하다.', '애를 안 키워봐서 모른다.', '봐주지를 않는다.'고 평가한다. 결혼을 했어도 이 평가는 크게 바뀌지 않는다. 결혼을 하고 자녀를 키우며 승진을 해도 이번에는 애를 버리고 승진한 여자라고, 애까지 키우면서 승진을 했으니 얼마나 독하겠냐는 평가를 받는다. 남자 관리자의 경우는 어떨까? 내가 만났던 여성 관리자 여섯 명 중에 두 명은 결혼하지 않은 상태였고 자녀가 없었는데, 아홉 명의 남성 관리자는 모두 배우자와 자녀가 있었다. 그리고 이들 중에 어떤 사람도 '독하다.', '봐주지 않는다.'는 평가나 '아이'와 관련한 평가를 받지 않았다. 남성의 경우에도 '아이를 버리지 않고' 가사를 돌보면서 승진을 준비하기란 거의 불가능에 가까웠을 것이다. 그러나 여성과는 다른 평가를 받는다.

끌어 주고 당겨 주는 교직 문화

교육대학교를 다니던 시절, 남자 동기들끼리 하는 '남자 모임'이 있었다. 장난처럼 나에게 남자 모임에 왜 빠졌느냐고 농담을 건네거나, 오늘은 남자 모임이 있으니 몇 시까지 어디로 나오라고 약속 장소와 시간을 공지하기도 했다. 다른 과를 졸업한 선생님과 이 주제로 대화할 기회가 있었는데, 그 과에는 '남자 모임장'이 있고 과 학생회 내 공식 직위로서 의사 결정에도 참여할 수 있었다는, 기가 막힌 이야기를 들었다.

남학우들의 남자 모임은 직장에서도 비슷하게 이어지는데, 바로 '남친회(남자 친목회)'다. 어떤 학교의 남친회 모임 이름은 '소수 민족'이라는데, 관리자와 40~50대 부장 교사급이 함께하는 모임이 소수자들의 모임이라니, 소수자를 어떻게 정의하는 건지 모르겠다. 학교에 남성 교사 수가 적어서 그렇다, 억울하면 여친회를 하라는데, 남친회 문화에 비판적인 어느 남교사의 말을 들어 보면 재미있게도 남친회가 활성화되는 이유는 딱 두 가지라고 한다. 첫째는 승진하고 싶은 남교사가 있고 평가권을 가진 관리직의 남성이 있어 접대가 필요한 경우, 둘째는 승진할 남교사는 없지만 술 마시기 좋아하는 관리직 혹은 교무나 연구 부장쯤 되는 남성이 동생들을 부르는 경우다. 한마디로 승진하고 싶은 남교사와 술 마시기 좋아하는 남성 관리자는 이 '형님, 동생' 놀이에서 환상의 짝꿍이다. 이런 경우는 회비를 걷어 해외여행을 추진하기도 한다는데, 대단한 친목 모임이 아닐 수 없다. 그러나 식당 예약이나 회비 걷기, 연락 돌리기와 같은 허드렛일은 가장 어린 막내에게 당연하게 돌아가고, 이런 자리를 좋아하지 않는 남성은 "사회생활을 할 줄 모른다.", "요즘 젊은 사람들은 이기적이다."고 비난을 받는다.

승진을 위한 네트워크 형성에는 '운동'도 빠트릴 수 없다. 신규 교사 때 우리 학교에서는 한 학기에 두 번 정도 수요일에 배구를 했는데, 신규 교사 넷을 한 번씩 세우다가 자연스럽게 그중 제일 잘하는 사람 한 명이 선수를 하게 되었고, 나를 비롯한 나머지에게는 박수 치고 응원하기, 간식 준비하기의 역할이 맡겨졌다.

배구 카르텔. 선배들은 승진하려면 배구를 잘 배워 놔야 한다고 했다. 실제로 배구를 못했던 내 친구는 발령받자마자 그 학교 교장이 배구를 잘하는지 물었고, 잘 못한다고 했더니 그 학교 선배 교사를 불러 배구를 가르쳐 주라고 지시했다고 한다. 그 선배 교사는 일과 시간에 친구에게 매일 피로와 짜증이 섞인 배구 레슨을 해 주었고, 그 덕분에 친구는 실력이 늘어 다음 번 시합에서 선수로 출전할 수 있었다. 배구 실력 향상이 교사로서의 성장과 어떤 관련이 있는지 도무지 모르겠다.

이미 많은 선배 교사들이 배구로 대표되는 운동 '사조직' 줄타기 문화에 대해 비판했다. 특히 같은 지역 교육대학교 출신이 지역의 교직을 장악하고 있을수록 심한데, 배구 잘하고 빠릿빠릿하게 말 잘 듣고 뒤풀이 회식 자리에서도 분위기 잘 살리는 후배가 예쁨받고, 승진의 비법을 전수받으며, 승진 라인을 타게 된다. 배구, 배드민턴 등의 운동을 매개로 이웃 학교 남교사들에게까지 인맥을 넓히고, 학교 간 친선 시합, 선수 대여(?)도 이루어지며, 교육청에서는 교육감배 경기까지 개최하면서 운동 문화를 장려한다.

이런 문화 속에서 관리자의 지위에 오른 남성은 아마 신규 교사와 전입 교사가 남성인 편이 더 낫다고 생각하고, 여성 교사보다 남성 교사에게 친밀함을 느끼며, 후배들과 함께 운동 '사조직'을 유지하고자 할 것이다. 남성 연대는 단순히 남성끼리의 친목이나 우정이 아니다. 여성을 배제한, 관리자와 직원의 사적 유대감, 소위 '끌어 주고 당겨 주는' 문화의 힘은 우리의 일터에서도 강력하게 작동하고 있다.

남자도 총리가 될 수 있나요?

독일 청소년들 사이에서 SNS에 '남자도 총리가 될 수 있나?'라는 문구를 올리는 것이 유행처럼 번지고 있다고 한다. 1995년 이후 태어난 독일의 Z세대에게 메르켈이 아닌 총리는 낯설고 어색한 일이다. 이들에게 권력자는 '전통적'으로 여성의 몫이었다. 2005년에 태어난

율리안은 정장을 입고 넥타이를 맨 사람이 나라를 이끈다는 것 자체가 기괴하다고 생각한다. 그는 "무책임할 것이다. 남성들은 과음을 하고, 과하게 육식을 즐기며, 건강하지 않은 삶을 산다."라며 남성 리더에 대한 불신을 표했다.[24]

그러나 대한민국의 2016년 기준 국내 500대 기업의 여성 임원 수는 2.7%였다. 2017년 5급 이상 국가직 공무원 중 여성 합격자의 비율은 절반이었지만, 여성 고위 공무원 비율은 2012년 4.2%, 2017년 6.1%였고, 중소벤처기업부, 국세청, 특허청, 금융위원회 등 13곳의 정부 부처에는 여성 고위 공무원이 한 명도 없었다. 이에 국가는 2022년까지 고위 공무원 중 여성 비율을 10%까지 올리겠다고 '도전적인' 목표를 설정했다.

지금 이대로라면 여성이 리더가 되는 것을 어색하게 여기고, 전통적인 권력자는 '남성의 몫'이라는 생각이 크게 달라지지 않을 것이다. 보이지 않는 것을 상상하기는 힘들고 상상 바깥의 것을 이뤄 내기란 불가능하다. 그래서 학생들에게 다양한 미래를 상상해 볼 수 있도록 가능성을 열어 주어야 한다.

모두가 직장에서 관리직의 사다리에 오르기 위해 경쟁할 필요는 없다. 어떤 이에게는 일하는 것이 돈 버는 것 이상일 수도 있겠지만 필

24 〈메르켈 세대 獨청소년들 "남자도 총리가 될 수 있어요?"〉, 『뉴시스』, 2018.11.1.
25 https://seejane.org/education/gender-equality-lessons-for-schools

요한 만큼 노동하고 다른 데서 의미를 찾을 수도 있다. 나는 현재의 승진 제도에 문제가 있다고 생각하고, 그 제도 안에서 승진 포인트를 쌓고 싶은 마음이 없다. 그러나 내가 승진할 생각이 없는 것과 다른 여성이 정당한 기회를 갖지 못하는 것은 다른 문제다. 나는 야심만만한 여성들이 권력욕을 가지고 앞으로 나서며 리더의 자리에 도전하는 것이 비난받지 않고 격려받았으면 좋겠다. 교실의 소녀들도 소년들만큼 큰 꿈을 꾸기를 희망한다. 소녀들이여, 야망을 가져라!

수업 주제	강인하고 독립적인 여성 롤 모델(캐릭터) 발견하기
수업 의도	TV프로그램이나 영화에 등장하는 여성 캐릭터의 수는 남성 캐릭터에 비해 출연과 대사 분량이 절반 정도에 불과하다고 한다. 이 수업으로 학생들은 강인하고 독립적인 여성 캐릭터, 롤 모델을 발견할 수 있다. 전통적인 성 역할과 다른 캐릭터를 본 소녀들은 커서 고정관념에 얽매이지 않는 직업을 추구할 경향이 높다.여성 캐릭터를 발견하는 수업 아이디어의 출처는 '지나 데이비스 젠더 미디어 연구소'의 교육 자료다.[25]
수업의 흐름	

여러분의 슈퍼 히어로는 누구인가요?

▶ 여러분은 슈퍼 히어로가 나오는 영화를 좋아하나요? 얼마 전 점심시간에 여러분이 마블 놀이를 하는 걸 본 적이 있는데, 어떤 캐릭터들을 좋아하나요?

학생들이 말하는 슈퍼 히어로의 이름을 칠판에 적어 본다. 헐크, 캡틴아메리카, 토르, 슈퍼맨, 배트맨, 스파이더맨 등의 남성 캐릭터만 언급되고, 캡틴 마블이나 원더우먼과 같은 여성 캐릭터의 이름이 나오지 않더라도 그대로 둔다. 학생들의 흥미 유발을 위해 화면으로 영화 포스터 이미지를 보고 수업을 시작할 수도 있다.

▶ 학습지에 여러분이 좋아하는 슈퍼 히어로를 좋아하는 순서대로 적어 보세요.

개수와 관계없이 시간을 충분히 갖고 적게 한다.

▶ 여러분은 어떤 마음을 가진 사람이 이런 슈퍼 히어로가 될 자격이 있다고 생각하나요?

자유롭게 이야기할 수 있도록 허용하고 학생들의 응답을 칠판에 기록한다. 학생들은 각자 학습지에 정리하면서 슈퍼 히어로의 자격과 성별은 관계가 없음을 이해한다.

▶ 여러분의 리스트에 적힌 남성 히어로가 몇 명인지 세어 볼까요? 또 여성 히어로가 몇 명인지도 세어 보세요. 여기에 어떤 문제가 있는 것 같나요? 왜 우리는 남성 히어로를 훨씬 많이 적게 되었을까요?

  • 학생들은 대부분 남성 히어로를 더 많이 적었을 것이다. 학생들이 여성 히어로의 이름을 쓰지 못하는 이유는 여성 히어로가 단독 주인공으로 출연한 히어로 영화는 〈원더우먼〉과 〈캡틴 마블〉 두 편뿐이기 때문이다. 학생들이 찾은 슈퍼 히어로의 자질과 성별은 관련이 없음에도 여성 슈퍼 히어로 캐릭터는 그 숫자가 너무 적고, 이것은 문제가 있음을 파악한다.

  • 어떤 학생들은 여기에서 인종 문제를 지적하기도 한다. 성별 불균형에 대한 이야기를 끝내고 히어로는 아시아인에게 어울리지 않는다는 인종 편견과 관련한 이야기까지 확장해 볼 수 있다.

▶ 이 문제를 해결하기 위해서 우리가 할 수 있는 일은 무엇일까요?

함께 실천할 수 있는 일을 찾아 적어 본다. 학생들의 의견을 다양하게 수용하고, 장난스러운 대답도 교사가 적절히 바꾸어 칠판에 옮겨 적는다.

▶ 영화 제작자들에게 해 주고 싶은 말이 있으면 적어 보세요.

차별로 느끼지 못하는 학생들이 분위기를 주도하지 않도록 주의한다.

▶ 영화의 주인공이 되지는 못했지만 여러분에게 주목받지 못한 많은 매력적인 여성 캐릭터들이 있어요. 함께 살펴보면서 마음에 드는 캐릭터를 골라 보세요.

- 학생들이 모를 수도 있는 인물을 설명하는 것이기 때문에 이미지 자료를 함께 사용하는 것이 도움이 된다. 블랙위도우, 스칼렛 위치, 와스프, 헬라, 가모라, 발키리, 슈리, 오코예 등 주인공이 되지 못한 매력적인 캐릭터를 소개한다. 이어서 캡틴 마블이나 원더우먼, 스타워즈의 레이처럼 여성이 주인공으로 등장했지만 비교적 덜 주목받은 영화를 소개한다.

- 김연아, 컬링 국가대표 팀 킴, 김연경, 지소연, 이상화, 박지수 등의 스포츠 스타 자료를 준비한다. 가능하면 짧은 편집 영상을 함께 시청하는 것이 좋다. 다양한 여성 캐릭터에 대해 공부하고 일정 기간 인물 사진을 교실에 붙여 두면 학생들의 관심을 오래 유지할 수 있다.

- 수업을 정리하며 포스트잇을 학생들에게 나눠 준다. 학생의 반응에 따라 느낀 점을 적거나, 하고 싶은 말을 적어 보게 한다.

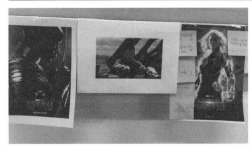

여러분의 슈퍼 히어로는
누구인가요?

1. 좋아하는 슈퍼 히어로를 순서대로 적어 보세요.

2. 슈퍼 히어로의 자격: 어떤 사람이 슈퍼 히어로가 되어야 한다고 생각하나요?

1.

2.

3.

3. 여러분의 슈퍼 히어로 목록에서 어떤 문제를 찾았나요? 왜 이런 일이 생겼을까요?

4. 이 문제를 해결하기 위해서 내가 할 수 있는 일은 무엇이 있을까요?

5. 영화를 제작하는 사람들에게 해 주고 싶은 말을 적어 보세요.

6. 선생님이 소개한 히어로나 스포츠 스타 중에서 가장 멋있다고 생각하는 인물을 적고

멋진 점을 써 보세요.

선생님들께 드리는
몇 가지 제안

내면의 힘을 키워 주세요.

우리 사회에서는 여자아이에게는 관계성을, 남자아이에게는 독립성을 더 강조하여 키우는 경향이 있습니다. 남자아이들은 어릴 때부터 "아버지 없을 때는 네가 엄마와 누나를 지켜야 한다."는 막중한 책임감과 "남자는 울면 안 돼."와 같은 감정 표현을 감추도록 하는 억압 속에서 자라게 되는 반면 (그러나 분노의 감정은 예외) 여자아이들은 아주 어린 시절부터 자신이 원하는 것보다는 다른 사람이 원하는 것이 무엇인지 살피고 배려하도록 교육받습니다. 부모들은 딸이 자기주장을 강하게 내세우고 주도권을 잡고 욕심을 갖기보다는 친구들과 좋은 관계를 유지하고 부모님, 선생님들과도 잘 지낼 것을 기대합니다. 그 결과 여자아이들은 부모나 주위 사람들에게 의존적인 성향이 되기 쉽고 신체 활동이나 행동으로 적절한 공격성을 표출하는 대신 '친구 관계'를 무기로 따돌리기, 소문내기, 편 가르기 등의 관계적 폭력을 행사합니다.

이에 우리는 관계 지향적인 남자아이, 독립적인 여자아이가 되도록 교육

할 필요가 있습니다. 소녀들에게 가장 친하게 지내야 하는 사람은 바로 자기 자신이라는 것을 알려 주세요.

많은 학생들이 좋은 관계를 유지하지 못할까 봐 부탁을 거절하지 못합니다. 하지만 거절하지 못하면 내 자신을 돌보기 어려워집니다.

내가 원하는 것이 무엇인지, 하고 싶지 않은 것이 무엇인지에 집중하고, 원치 않는 것은 거절할 수 있다고 말해 주세요. 학교생활에서 일상적으로 부탁할 수 있는 "이따가 같이 놀래?", "지우개 빌려줄래?", "뒤로 조금 가 줄래?"와 같은 간단한 상황 대사를 주고 무조건 "안 돼."라고 대답해야 하는 '거절하기 게임'을 해 볼 수 있습니다.

다른 사람과의 교류와 관계 속에서 행복과 만족을 얻는 것도 중요하지만 깊은 생각에 잠기거나 중요한 결정을 내리기 전에는 홀로 자신의 목소리에 귀 기울여야 합니다. 소녀들에게 혼자 있는 시간을 견디고, 홀로 무엇인가를 결정하고 시도하고 도전해 볼 수 있는 기회를 많이 주세요.

소녀들에게 더 많은 것을 허용해 주세요.

저학년 수업 시간은 자신의 이야기를 하고 싶어 하는 학생들로 언제나 시끌벅적합니다. 저는 교사의 설명이 끝나기 전에 불쑥 끼어드는 학생들에게 "말하기 전에는 손을 들고 알려 주세요."라고 주의를 주는 편입니다.

하루는 그렇게 이야기했음에도 불구하고 끼어들기를 하는 여학생에게는 "손 들고 말하세요."라고 하고, 남학생에게는 제지하지 않고 대답해 주고 있는 제 모습을 발견했습니다. 또 한 여학생의 수학 프린트 정답을 확인하면서 설명하다가 중간에 불쑥 끼어드는 남학생에게 먼저 설명을 해 주면서 여학생을 기다리게 만들었던 적도 있었고요. 교실을 뛰어다니며 친구들과 부딪치고 다니는 평범한 남자아이와 비슷한 정도의 장난을 치는 여자아이의 이름을 유난히 자주 부르며 행동을 지적하고 있다는 사실도 깨달았습니다.

선생님의 교실은 어떤가요? 혹시 남자아이들을 돌보는 데 더 많은 시간을 쓰고 있지는 않나요? 여자아이들이 참고 기다리는 데 익숙해지고 있지 않나요? 여자아이들에게도 남자아이들에게 허락된 만큼의 장난과 소란과 공간과 갈등을 허용해 주세요.

여성 후배들에게 기회를 주세요.

많은 여성 영화인들이 배우 김혜수 씨를 언급하며 "여성 감독의 시나리오를 분석해 주고 제작에 도움을 주었다.", "실력 있는 무명 여성 배우들에게 적합한 작품을 추천해 주었다.", "후배 연기자의 방송을 모니터링한 후 격려와 칭찬의 전화를 해 주었다."는 훈훈한 에피소드를 들려주고 있습니다. 이에 김혜수 씨는 "혼자 할 수 있는 것은 아무것도 없다.", "후배보다는 동지로서 여성 배우들의 시도에 연대감을 느끼고 있다."고 했습니다.

여러분도 여성 교사들에게 주어지지 않는 기회에 대해 문제를 제기해 주세요. 업무와 관련한 모든 의사 결정은 직장에서 이루어져야 하고 누군가가 소외될 수 있는 모임은 만들지 말아야 합니다. 모든 이가 자신의 가정을 돌보고 일터에서 자신의 능력을 충분히 발휘할 수 있어야 합니다.

가능하다면 부당한 관행과 잘못된 제도를 바꿔 주세요. 일정 수준의 영향력을 행사할 수 있는 자리에 기회가 생긴다면 그 자리를 차지해 주세요. 새로운 일을 시작할 때 여성에게 함께해 보자고 제안하고, 자신의 능력을 과소평가하고 앞으로 나서기를 두려워하는 여성 후배에게 격려와 지지를 보내 주세요.

수업을 준비하면서 참고하면 좋을 자료

『잃어버린 임금을 찾아서』 이민경 지음, 봄알람
『잠깐 애덤 스미스 씨, 저녁은 누가 차려줬어요?』 카트리네 마르샬 지음, 부키
『아내 가뭄』 애너밸 크랩 지음, 동양북스
『린 인』 셰릴 샌드버그 지음, 와이즈베리
〈다큐멘터리 익스플레인: 세계를 해설하다, 왜 여성은 더 적게 받는가〉, 넷플릭스
〈세상에 여성 지도자들이 손에 꼽힐 만큼 적은 이유는 무엇인가?〉, 셰릴 샌드버그, TED 강연
지나데이비스 젠더 미디어 연구소(www.seejane.org)
기사 : 캡틴 마블, 마블의 기원을 다시 쓴 여자 슈퍼히어로로
(http://www.ize.co.kr/articleView.html?no=2019031202567247437)

1월

'꽃순이'가 되기를
거부합니다

졸업식 '꽃순이'를 아시나요?

학교의 큰 행사, 졸업식 시즌이 다가오면, 학생들은 새로운 기대감에 부풀고, 교사들은 학년 말 성적 처리와 졸업 준비로 정신없이 바쁘다. 학년 말 특유의 들뜨고 어수선한 분위기 속에서 어떤 교사들은 남모르는 고민으로 마음을 졸인다.

20대 교사 시절의 어느 졸업식 무렵, 갑작스럽게 교실 인터폰이 울렸다. 발신자는 교무 부장이었다. "선생님, 부탁 좀 들어줘야겠어. 졸업식에 교가 지휘랑 졸업장 수여 보조 역할을 해야 하는데, 어떤 게 더 마음에 들어?" 왠지 기분이 나빴지만 당시에는 딱히 그것을 표현할 적절한 언어를 찾지 못하여 설명할 수가 없었다. 그래서 좀 투덜거리는 말을 하다가 결국 지휘보다는 졸업장 수여가 낫겠다고 대답하고 전화를 끊었다. 잠시 후 메신저를 통해 졸업식 계획서를 전달받았다. 한 번의 졸업식을 위해서는 생각보다 많은 사람이 필요했다. 식장 준비 및 정리, 의자 배치, 행사 진행, 안내, 방송, 송사와 답사 준비, 공연 준비, 지휘 등의 많은 역할 중에서 졸업장 수여 보조란에 적힌 내 이름. 나는 그해 졸업식에서 졸업장 수여 보조 역할을 담당했다.

그전 학교에서는 이제 막 결혼한 여성 교사에게 이 역할을 맡겼다. 나와 같이 발령을 받은, 나보다 한 살 어렸던 그 선생님은 결혼을 준비하며 구입한 새 한복을 차려입고 교장 선생님 옆에 서서 졸업식 시상을 보조했다. 당시 교무 부장은 그 선생님이 우리 학교에서 제일 예뻐서 그렇다고, 마침 새 한복이 있어 딱 좋다며 매해 졸업식을 비롯한 각종 행사에 시상 보조 역할을 맡겼다.

또 다른 선생님이 결혼하고 나서 그 역할은 자연스럽게 그분에게 넘어갔다. 몇 년 동안 옆에서 그 광경을 지켜보면서 나는 양복을 입은 나이 지긋한 남성 관리자 옆에 한복을 입은 젊은 여성 교사를 세우는 모습이 우습고 이상하다고 생각했다.

졸업식 날, 나는 한복을 입어야 했던 선생님만큼은 아니지만 화장도 옷도 신경 써서 준비해야 할 것 같은 부담을 느끼며 출근했다. 졸업생 한 명 한 명이 호명되고, 이름이 적힌 졸업장을 펼쳐서 교장 선생님의 손으로 건넨다. 교장 선생님은 학생에게 졸업장을 수여하고 졸업을 축하하며 악수를 한다. 이상한 기분이 들었다. 평소에 존경했던 교장 선생님이었고 좋아하는 선배들과 만족스럽게 근무했던 학교

였지만, 그 순간은 내가 교사로서 서 있는 것이 아니라 '여자'로 서 있다는 것을 깨닫고 이루 말할 수 없는 씁쓸한 기분이 들었다.

당시 전화를 받고 졸업식 시상 보조로 '꽃순이' 역할을 했던 일을 떠올리면, 불쾌함을 표현하지 못하고 거절하지 않았던 것이 후회되고 답답하다. 그러나 젊은 여성에게 예쁘게 전시되어 시상자의 권위를 세우도록 보조하는 역할을 맡기는 불쾌한 일은 지금도 어디에선가 되풀이되고 있다. 행사를 진행할 때는 차별적 요소가 없는지, 학교에서 사회의 성차별적 관행을 그대로 재생산하는 것이 학생들에게 어떤 영향을 주는지 고민해야 한다. 애초에 졸업장을 펼치는 역할이 졸업식에 왜 꼭 필요하단 말인가.

더 이상 내 차례가 오지 않을 만큼 나이를 먹고 나서 나는 교무 부장에게 왜 이 일이 가장 경력이 적고 나이가 어리고, 여성인 교사에게 자연스럽게 돌아가는지에 대해 문제를 제기했다. 대부분의 교사들은 이런 질문에 약속이나 한 듯 "원래 졸업식 꽃순이는 학교에서 제일 예쁜 사람이 하는 거야.", "나도 젊을 적에 다 했어. 지금은 하고 싶어도 못 해. 그냥 기분 좋게 생각해."라고 말했다. 당시 교무 부장의 대답은 "생각해 보니 그러네. 이 일이 특별한 능력이 필요한 것도 아니고, 선생님들도 다 하기 싫어하는 일인데 누군가는 해야 하고……."였다.

학교에서는 모두가 꺼리고 원하지 않는 일은 가장 나이가 어린 사람이 해야 한다고 생각하는 사람들이 많다. 물론 이런 생각을 가진 사람은 우리나라 어디에나 있다. 연구실 청소나 차 마실 물을 떠놓는 일

같은 허드렛일을 도맡아 하면서도 선배들의 기분을 살피는 싹싹한 태도를 가져야 '막내답다'며 예쁨받고 칭찬받는데, 어쨌든 싹싹한 태도와 관계없이 남들이 하기 싫은 일은 막내에게 돌아가게 마련이다.

나이 차별적 관행은 심지어 인사 내규에서도 찾아볼 수 있다. 예를 들면 희망자가 많은 인기 있는 연수는 고경력순이고, 반대로 희망자가 없지만 누군가는 가야 하는 연수는 저경력순이라는 규정, 업무 분장에서 희망 학년이 경합이고 동점인 상황에서는 고경력, 고연령자가 우선이라는 규정, 학생 수 감소로 학급이 줄어야 하는 상황에서는 학교에서 가장 짧게 근무한 사람, 저경력자, 생년월일이 늦은 사람이 이동하는 것과 같은 규정들 말이다. 그래서 사람들이 처음 만나면 일단 나이부터 묻고 서열 정리를 하고 싶어 하는지도 모르겠다. 나이에 따라 사회적인 위치가 정해지고 달라지는 것들이 너무 많으니까.

그러나 단순히 나이가 어려서라는 이유만으로는 충분히 설명이 되지 않는다. 학교에서 막내인 남성 교사에게는 졸업장 수여 보조나 시상 보조의 역할을 맡기지 않기 때문이다.(물론 시설을 정비하는 육체적인 작업에 남교사들을 동원하는 일이 아직도 비일비재하다. 그러나 그 일은 적어도 꼭 필요한 일이고, 예산을 편성하여 교사가 아닌 다른 노동자, 전문가에게 맡기는 방법으로 해결해야 하는 문제이기 때문에 성격이 다르다.)

2015년 경북 문경에서 열린 세계군인체육대회에서는 '용모가 단정한' 175명의 여성 군인들이 메달과 트로피를 운반하는 역할로 대회를 더욱 '빛냈다'고 한다. 이 기사의 제목은 재미있게도 〈여군도 주연…

세계군인체전 '위풍당당 활약'〉(KBS 뉴스, 2015.10.3)이다. 꼭 학교가 아니더라도 사회의 각종 크고 작은 시상식 장면을 들여다보면, 시상하는 사람은 나이가 많고 근엄해 보이는 남성인 경우가 대부분이고, 보조하는 사람은 젊고 아름다운 여성이다. 움직이기 불편해 보이는 의상을 입고 미소를 지은 채 상패와 꽃다발을 나르는 모습을 보고 있자니, 여성이 더 젊고 아름다울수록 시상자와 시상식이 더 권위 있어지는 것인가 하는 의문이 들 정도다.

수업에 쓸 자료를 찾느라 각종 대회의 시상식 도우미를 검색했다. '요정', '단아한 미소', '미녀 도우미', '시상식의 꽃'이라는 말로 포장한, 여성의 신체를 성적으로 소비하는 폭력적인 시선의 이미지가 가득했다. 세상에 남자 보기 좋은 '꽃'이 되려고 태어난 사람이 어디 있단 말인가? 근대 올림픽의 창시자 피에르 쿠베르탱은 올림픽에서 여성의 역할은 고대 올림픽에서 월계관을 씌워 주었던 것처럼 메달을 나르는 일 정도가 어울린다고 말했다고 하니, 이쯤 되면 시상식 도우미는 인류의 유구한 여성 혐오의 역사인가 싶기도 하다.

졸업식 '꽃순이'의 위기를 어렵게 넘긴 젊은 여성 교사에게는 아직 하나의 고비가 더 남아 있다. 함께 모임을 하는 한 선생님이 울 것 같은 표정으로 이야기를 꺼냈다. 그 학교의 교장 선생님이 퇴임을 앞두고 있는데, 교무 부장이 발령받은 지 몇 년 되지 않은 여성 교사 몇 명에게 축하 공연을 지시했다는 것이다. 처음에는 "지금 때가 어느 때인데!"라며 그 자리에 있던 모두가 충격에 휩싸였지만, 생각해 보니 정도의 차이만 있을 뿐 우리 모두 비슷한 경험을 한 적이 있었다.

나도 교장 선생님, 교감 선생님들이 퇴임하거나 새로 부임해 올 때 축하 노래를 부른 적이 있는데, 젊은 사람들에게만 지시하는 것 같아 썩 내키지 않았다. 내 옆의 선생님은 새로운 교사들이 오고 가는 환송 회에서 시 낭송을 할 것을 강요받은 적이 있다고 했다. 내 친구는 직원 여행을 가기 전 분위기를 띄우기 위한 레크리에이션을 짜 올 것을 지시받았고, 달리는 버스 안에서 일어나 노래를 부르며 춤을 추라고 했다는 이야기도 해 주었다. 또 어떤 후배는 교생 실습에 나갔을 때와 신규 교사 발령을 받은 학교의 회식 자리에 장기 자랑을 준비해서 가야 했다고 한다.

몇 주가 지나서 다시 만난 그 선생님은 교장 선생님의 퇴임을 축하하기 위한 공연을 하지 않았다고 했다. 축하 공연이 무산된 까닭은 비슷한 시기에 큰 이슈가 되었던 사건 때문이었다. 한 병원 재단에서 매년 신규 간호사들을 반 강제적인 장기 자랑에 동원한 사실이 연일 언론에 오르내린 탓이었다. 상대적으로 많은 여성이 근무하여 여성 친화적인 문화가 있을 것이라고 여겨지는 간호사와 교사 직군에서 비슷한 일이 일어나고 있는 것은 과연 우연일까?

> 가부장이란 말 그대로 가족의 우두머리인 가장을 일컬으며 가부장제란 가족 성원에 대한 가장의 지배를 지지하는 체제를 뜻한다. 넓은 의미에서 가부장제는 개별 가족 구성원뿐 아니라 사회 전반에 걸쳐 연소자와 여성에

대한 남성의 지배를 지지하고 구조화하는 체제이다.
- 『페미니즘의 개념들』, (사)여성문화이론연구소, 14쪽, 동녘

가부장제는 영어로 'patriarchy'라고 하는데 어원으로 그 뜻을 살펴보면, '아버지의'라는 뜻의 'patri'와 '지배'라는 뜻의 'archy'가 합쳐져 생긴 단어다. 즉, '가족의 대표자인 아버지가 가족 성원에게 행사하는 일방적인 권위 혹은 지배'를 의미한다. (중략) 가부장제가 가족 안에서 사적 가부장제로 작동하는 것을 넘어 사회, 정치, 경제 전반의 성 불평등을 생산하는 공적 가부장제로 확장하고 있다는 것이 여성학의 입장이다. 아울러 가부장제는 사람들의 습관·문화·성 등의 일상적인 영역에까지 깊게 침윤되어 있는 관습이며, 이데올로기이고 사회 체계라고 할 수 있다.
- 『새 여성학강의』, (사)한국여성연구소, 23쪽, 동녘

직업 선호도 1위라는 교사의 직업 만족도는 50위권 안에 들지도 못하는데, 초등학교 교장이 직업 만족도 1위를 차지했다는 통계는 어떻게 해석해야 할까? 과녁 앞에 여성 교사를 세우고 장난감 활을 겨누어 당길 수 있는 교감은 어떻게 탄생하게 되었을까? 졸업장 수여를 보조하는 역할에 액세서리처럼 젊은 여성 교사를 세워 두는 모습, 젊은 교사들로 하여금 상급자의 기분을 맞추기 위한 춤이나 노래 같은 공연을 준비시키는 관행, 교장을 학교의 '아버지' 혹은 '어머니'에 빗대어 표현하고 '잘 모셔야 하는 윗분'이라고 여기는 태도, 절대적인 권위를 가진 관리자가 부장 교사에게, 부장 교사가 평교사에게, 교사가 학

생에게 전달하는 지시와 복종의 시스템과 '남친회'나 운동 모임 중심의 남교사 주류 문화는 학교 안에도 가부장 체제가 공기처럼 스며 있다는 것을 잘 보여 준다.

"내 나이 때에는 더한 것도 했어.", "교사들은 시키면 다 하게 되어 있어.", "원래 그런 거야."라는 말로 약자들의 목소리를 묵살하며 유지하고 있는 이 억압적이고 폭력적인 구조 아래, 우리는 고통받고 있다.

교육부, 한국교육개발원의 『교육통계연보』가 집계한 초등학교 여성 교장의 비율은 2017년 40.3%였다. 요즈음 학교에 여성 관리자가 새로 부임하는 경우에는 꽃다발을 건네는 이가 학교에서 제일 나이가 어린 남성 교사라고 한다. 이제 차별이 사라졌다고 말할 수 있을까? 역할을 수행하는 사람은 바뀌었지만 가부장적 질서는 변함없이 그대로다. 페미니즘은 남자와 여자의 역할을 바꿔 놓으면 된다고 말하는 것이 아니다. 성별에 따른, 연령에 따른 역할을 거부한다. 함께 일하는 동료로, 동등한 인간으로 존중받는 만남을 바란다.

"아무나 하면 어때서! 별것도 아닌 일 가지고 피곤하게 군다."고 말할지도 모르겠다. 그러나 '아무나' 해도 되는 일을 '누가' 하는 데는 이유가 있다. '아무나' 해도 되는 일은 결코 '아무나' 하지 않는다.

학생들과 나누면 좋을
짧은 이야기

시상식에는 상을 주기 위해 나오는 사람이 있고 상을 받기 위해 나오는 사람이 있어요. 그리고 상패나 꽃다발을 전달해 주기 위해 나오는 사람도 있어요. 이러한 역할을 하는 사람을 메달 도우미, 시상 도우미라고 해요. 여러분이 보아 왔던 장면에서는 이 역할을 어떤 사람이 주로 담당하나요? 또 상을 주는 역할은 어떤 사람이 담당하나요? 이런 장면들을 계속해서 보게 되면 사람들은 어떤 생각을 하게 될까요?

2012년 런던 올림픽 시상식 뉴스 영상과 사진 자료를 함께 찾아본다.[26] 고학년의 경우에는 '성의 상품화'라는 용어의 의미는 여성의 몸을 볼거리로 여기는 것이라는 설명을 덧붙인다. 학생들의 경우 뉴스 이해와 시상자와 보조자 사이의 권력 관계를 읽어내는 것이 어려울 수도 있다. 이전에 외모주의, 성별 이분법에 대하여 이야기를 나누어 본 경험이 있다면 외모 차별, 미디어에서 여성의 외모를 다루는 방식, 성별 고정관념 등의 관점에서 접근해 볼 수 있다.

이 뉴스에서 알려 주고 있는 소식은 무엇인가요? 지금 보는 사진들은 우리가 이전에 보았던 시상식 장면과 어떤 점이 다른가요? 선생님은 다양한 모습을 가진 사람들이 많이 보이는 편이 더 좋다고 생각해요. 우리 교실에 있는 친구들의 모습도 다 다르잖아요. 더구나 남성이 더 높고 귀한 역할, 여성이 누군가를 보조하는 역할을 하는 것을 계속 보여 주는 것은 사람들에게 성별에 따른 고정관념을 만들어 줄 수도 있지 않을까요? 앞으로 여러분이 보게 될 시상식 장면에는 어떤 차별이 숨어 있는지 한번 찾아보세요.

2012년 런던 올림픽에서는 시상대까지 에스코트하는 역할에 여성이, 메달과 꽃을 나르는 역할에 남성이 참여했다. 단순히 성별을 바꾸는 시도뿐만 아니라 인종, 장애, 종교, 체형 등의 다양성을 보여 주었다. 휠체어를 탄 도우미, 히잡을 쓴 도우미, 키가 큰 사람, 작은 사람, 안경을 쓴 사람이 도우미로 참여했다.
'신장 168cm 이상 178cm 이하, 18~24세의 나이에 대학 학력 이상, 혈색이 좋고 반짝이고 탄력 있는 피부, 볼륨 있지만 뚱뚱하지 않은 몸매, 코와 얼굴의 비율, 눈 사이의 거리 등의 엄격한 기준을 통과한 여성'이 도우미로 참여하였던 그전의 올림픽이나, 여성의 몸매가 과하게 드러나는 얇은 소재의 의상으로 성 상품화의 논란이 있었던 아시안게임과는 대조적이다.

런던 올림픽 메달 시상 도우미, 혹은 'London Olympic medal bearer'로 구글 이미지 검색을 해 보면 해당 자료들을 찾아볼 수 있다. 당시에도 시상식의 메달을 남성이 나른다는 사실이 화제가 되었다. 다양한 관점의 관련 기사들, 예를 들면 메달 도우미를 남성이 맡았는데 싱크로나이즈드 스위밍과 리듬 체조는 남성 출전이 불가능해 역차별을 받았다는 기사를 찾아 비교하며 읽어 보는 것도 재미있다.

무엇을 보았나요?	메달주는 자람모습, 꽃다발주는 모습 다른나라 사람 모습을 봤어요♡
어떤 생각을 했나요?	세상여러 사람은 다다르다고 생각 했어요♥ 장애인도 메달주고 꽃다발 도줄수있다구요

무엇을 보았나요?	메달과 꽃다발 도우미들
어떤 생각을 했나요?	처음보고 신기했다 키가 달라서 좋다 다양한 사람이 나오면 좋다

무엇을 보았나요?	메달도우미를 봤다. 사진 이었는데 첫번째 3장의 사진은 여자가 나오고 두번째는 남자가 나왔다.
어떤 생각을 했나요?	첫번째 사진은 우리에게 '고정관념'을 주었다. 두번째 사진은 '고정관념'을 깨 주었다. 시상을 할때 남자, 여자가 같이 나오면 좋겠다. 고정관념을 없애고 싶다.

무엇을 보았나요?	남자와 여자가 메달을 주는 사진
어떤 생각을 했나요?	딸을 차별하는 것 같아서 속상했어요

선생님들께 드리는
몇 가지 제안

역할을 성별로 구분 짓지 마세요.

남학생들에게는 물건을 나르거나 옮기는 역할을, 여학생들에게는 뒷정리
나 교사를 보조하는 역할을 부여하고 있지는 않나요? 학급에서 가장 손
이 많이 가는 남학생을 여학생 짝꿍이 누나처럼 돌보고 챙기게 하고 있지
는 않나요? 성별로 남학생과 여학생을 구분하고, 서로 한 쌍으로 짝을 지
어 주는 것은 학생들이 커 가면서 자연스럽게 주어진 성 역할을 학습하고
내면화하는 데 큰 영향을 줍니다.

이러한 성 역할 부여와 성별 이분법적인 사고는 학생들에게 여자에게는
여자에게 어울리는 일(가사 노동과 자녀를 양육하는 역할)이, 남자에게는
남자에게 어울리는 일(가장으로서 생계를 부양하는 역할)이 따로 있다는
생각을 갖도록 합니다. 여학생과 남학생이 서로가 성적인 존재가 아닌 친
구로서 자연스럽게 어울릴 수 있도록 성별로 구분 짓지 말아 주세요. 서
툴더라도 모두가 조금씩 연습하고 경험할 수 있도록 성 역할 고정관념에
서 자유로운 역할 분담을 제안합니다.

어린이들은 이야기를 통해 세상을 이해하고 상상하며 성장합니다. 그러나 교과서 속의 작품이나 학급 문고의 이야기책들을 보면 이것은 남자아이들에게만 해당되나 봅니다.

어린이 문학 작품에서 말썽을 피우고, 모험을 하고, 문제를 해결하고, 주도적인 역할을 하는 주인공은 대부분 소년들로 그려집니다. 그런 이야기 속의 소녀들은 누군가를 좋아하고 관심 받는 것, 꾸미는 것에 몰두해 있거나 주인공 곁에서 도움을 주는 보조적인 역할에 머무는 경우가 대부분입니다. 요즈음은 이런 문제를 인식한 다양한 이야기들이 많이 나오고 있지만, 그래도 여전히 주인공의 성비는 압도적입니다. 선생님이 의도적으로 성별을 바꾸어 읽어 주거나, 소녀가 주도적으로 모험하고 실패하고 성장하는 이야기들을 찾아 소개해 주세요.

TO. 라면 한줄 에게

안녕?
네가 손든건 아니지만 외눈박이
고양이랑 친구가 된게 축하하고
대단해.
내가 라면 한줄이 였으면 얼마 가 서 못하고
돌아 갔겠같아
자장가 가 효과 있는것도 신기해.
나는 용감군 라면한줄이 멋져.
이번에 여자도 멋질수 있다는걸
다시 한번 알았어. 고마워~

2018년 9월 19일
이가봄님

『쿵푸 아니고 똥푸(문학동네)』에 실린 '라면 한 줄'을 읽고 주인공에게 쓴 편지

근사한 보조자의 역할을 학습하는 소녀들에게 스스로 주인공이 될 수 있다는 가능성을 열어 주어야 합니다.

주체적인 소녀들의 이야기에 공감해 본 남자아이들은 여자아이들이 누군가를 보살피는 보조적이고 주변적인 존재가 아닌, 저마다 스스로의 이야기를 가진 주인공이라는 사실을 어렵지 않게 이해할 수 있을 것입니다.

수평적인 관계 맺기를 경험하게 해 주세요.

고학년 교사들끼리는 이런 말을 합니다. "남학생들끼리 서열 정리가 한 번 되면 교사는 편하다." 위계가 정리된 학급에서 가장 높은 서열의 남학생과만 관계를 잘 맺어 놓으면 학급 운영이 쉽다는 이야기입니다. 또 어떤 사람은 원래 남성들의 사회가 그러한 시스템이기 때문에 미리 익숙해지는 것도 나쁘지 않다고 말합니다. 그러나 사회가 '남성적'이라고 표현하는 강압적인 위계 속의 학생들은 분노와 폭력성을 자신보다 낮은 서열의 대상에게 표현합니다. 남학생들끼리 서열 정리를 원하는 교사는 자신이 그 사다리의 가장 꼭대기에 위치하기를 기대하겠지요.

대표나 임원의 지위를 가진 학생이 집단 안에서 지시적인 언어를 사용하거나 권력적인 행동을 하지는 않는지 살펴 주세요. 위계와 서열에서 자유로운 수평적 학급 문화를 경험할 수 있도록, 특히 학급에서 소외당하기 쉬운 학생들을 더 많이 신경 써 주세요. 학급에서 소외당하기 쉬운 학생들은 대개 모둠별 경쟁, 보상 구도 안에서 잘 드러납니다. 집단 책임만 존재하는 시스템 속에서는 학생들끼리 서로 보살피고 돕는 것이 어렵습니다. 학생들의 말을 의미 있게 들어 주고 의견을 존중해 주세요. 서로의 차이와 다양한 의견이 환영받는 분위기를 만들어 주어야 합니다.

견고한 당연함의 문화에 금을 내는 선배 교사가 되어 주세요.

교육 실습을 나간 학교 회식 자리, 술잔이 돌아가면서 자연스럽게 박수를 치며 실습생들의 장기 자랑을 강요할 때, 어떤 선배 교사가 대신하겠다고 나섭니다. 그러자 분위기가 갑자기 식으며 더 이상 실습생들에게 춤과 노래를 강요하지 못합니다. 익숙한 것, 사소한 것, 당연하다고 여겨지는 것들을 의심하고 부당한 관행에 반대해 주세요. 또 목소리 내는 교사들을 응원하고 지지해 주세요. 분위기를 깨는 것, 이야기하는 것, 분노하고 싸우는 것은 물론 어렵고 지치는 일입니다. 당장은 그 변화가 눈에 보이지 않을지도 모릅니다. 하지만 이런 어려운 일에 용기를 내는 사람들의 움직임으로 당연하게 여겨졌던 것들이 더 이상 당연하지 않은 세상으로 변화하고, 앞으로 나아가고 있는 것입니다.

2월

페미니스트 교사의
열두 달 계획 세우기

페미니스트 교사, 학교에서 살아남기

한 해의 시작이 학교 밖 세상에서는 1월이지만 학교에서는 2월이다. 새로운 학년을 배정받으면 처음으로 같은 학년을 맡게 될 교사들과 연구실 책상에 마주 앉는다. 앞으로 1년을 함께할 동료들과의 첫 만남, 어색한 분위기가 감돈다.

이런 불편함을 견디지 못하고 가벼운 대화를 건네며 훈훈한 분위기를 만들어 보려고 애쓰는 사람들이 있다. 그리고 이런 가벼운 대화들이 때로는 우리를 불편하게 한다.

새로운 학년 선생님들과의 자기소개는 대부분 이런 식이다. 각자 자기의 이름과 나이, 경력을 소개하자고 한다. 한 명씩 돌아가면서 나이가 밝혀지고 자연스럽게 머릿속으로 계산을 하여 누가 '윗사람'이고 누가 '아랫사람'인지 서열 정리가 끝난다. 그리고 스스로 밝히지 않으면 결혼을 했는지, 자녀가 있는지의 '정상성' 확인의 의례를 통과해야 한다.

우리는 인생의 과제를 해결하는 것처럼 대부분 비슷한 시기에 결혼을 하고 자녀를 낳는다. 그래서 20대 교사가 사귀는 사람이 없다거나 30대 교사가 아직 결혼하지 않았다거나, 결혼을 했는데 자녀가 없다거나, 자녀가 있는데 둘이 아니라 하나라거나 하면 바로 인생 선배들의 요청하지 않은 조언이 시작된다.

"방학 동안 꼭 좋은 일을 만들어 와라.", "1정 연수가 좋은 기회다." 라는 말은 아직까지도 교무실에서 주고받는 방학 인사다. 짝이 없는 것을 안타까워하며 같은 학교의 미혼 교사를 연결해 주려고 한다거나, 직접 이성과의 만남을 주선하기도 한다. 자신의 자녀와 본인이 근무했던 학교의 신규 교사를 중매해서 결혼까지 성사시킨 관리자들도 많다.

사귀는 사람이 있다고 하면 그때부터는 "왜 결혼을 안 하냐?", "국수는 언제 먹냐?"는 질문이 따라다닌다. 결혼을 했다고 하면 또 "왜 애를 안 낳냐?"는 둥 "요즘 젊은 사람들은 이기적이라……."로 시작해서 노산이 어떻고 저출산이 어떻고 하는 잔소리를 들어야 한다. 애를 낳았다고 해서 끝이 아니다. "하나는 외롭다. 둘은 낳아야지."부터 자녀가 다 자란 뒤에는 자녀의 진학, 취업에서 다시 결혼, 출산으로 이어지는 질문의 순환이 반복된다.

결혼한 지 얼마 되지 않은 선생님이 있다면 자연스럽게 자녀 계획을 점검하기도 하는데, 한번은 그 부부가 어떻게 피임하는지를 이야기하며 대화를 마친 적이 있었다. 우리는 직장에서 만난 동료일 뿐인데 성생활과 인생 계획을 어떻게 아무렇지 않게 질문하는 걸까? 그리고 왜 이런 질문은 언제나 한 방향으로만 흐를까? 나는 나보다 나이가 많아 보이는 선생님에게 "나이가 어떻게 되세요?", "사귀는 분은 있으세요?", "결혼은 하셨어요?", "자녀는 있으세요?", "둘째는 왜 안 낳으세요?"를 질문할 수 없다.

이 답답하고 경계 없는 연구실에서 어떻게 나를 지키며 한 해를 살아남아야 할까?

다른 방식으로 서로 알아가기

첫 만남 자리에서 동료 교사들과 자기소개를 하는 방식을 살펴보면 한 해가 어떻게 흘러갈지 예상해 볼 수 있다. 서로를 알아가는 방법은 여러 가지가 있지만 우리에게 익숙한 방식은 나이와 경력을 확인하여 위계를 정하고, 결혼 여부와 자녀가 있는지를 질문하는 것이다. 함께 일하기 위해 필요한 정보를 나누는 또 다른 질문을 해 보면 좋겠다.

- 학생들과 만날 때 중요하게 생각하는 것은 무엇인가요?
- 올해 꼭 해 보고 싶은 일은 무엇인가요?
- 요즘 관심 있는 것은 무엇인가요?
- 재미있게 배우고 있거나 공부하고 싶은 것은 무엇인가요?

물론 우리 모두가 어떤 모임에서 이런 소개 방식을 제안할 수 있는 위치에 있지 않고, 서로에게 익숙하지 않은 질문이기 때문에 어색하게 느껴질 수 있다.

페미니즘을 만난 뒤로 어떤 질문들에 대해서는 대답하지 않거나 그런 질문을 받는 것이 불편하다고 표현한다. 좋은 첫인상을 주기는 힘들겠지만, 어차피 이 말로 기분 나빠할 사람은 어떻게든 앞으로 불편해질 사람이다. 어떻게 보면 한 해 동안 서로 조심하고 신경 쓰는 사이가 되는 것이 나쁘지만은 않다고 생각한다.

새 학기가 시작되고 얼마 지나지 않아 3월 8일, 여성의 날을 맞이한다. 시기적으로도 학급 문화가 만들어지는 3월 초이기 때문에 계기 교육의 좋은 기회다. 여성의 선거권과 노동조합 결성권을 위한 움직임에서 시작하여 여성의 지위 향상과 성차별·성폭력 철폐를 위해 지금까지 이어지고 있는 '여성의 날'의 역사를 학생들에게 소개하고, 성차별 없는 학급 문화 만들기 활동으로 마무리하는 수업을 계획해 본다. 또 교내 메신저를 활용하여 다른 교사들에게 이에 대한 수업 자료를 공유하고 함께 교내 연구회나 독서 모임, 전문적 학습 공동체를 조직하여 한 해 동안 공부해 보자고 제안할 수 있다. 소규모라도 인원을 모집하고 나면, 교육청이나 지역에서 진행하는 공모 사업에 계획서를 제출하여 예산을 지원받을 수도 있다.

물론 "너 한 명이 노력한다고 세상이 바뀌지 않는다."는 답장을 받을 수도 있고, "학교에서는 남성이 성 소수자다."라는 기가 막힌 답장을 받을 수도 있다. 그러나 함께해 보자거나 활동을 응원한다는 메시지와, 기억하고 있다가 관련 기사나 책을 읽고 말해 주는 사람들이 생각보다 많다. 어떤 사람들에게는 눈치 보이고 신경 쓰이는 모임이 되고, 관심은 있었지만 나서지 못했던 누군가에게는 기회의 모임이 된다. 무엇보다 중요한 것은 많은 사람이 알고, 함께할수록 학교 문화가 달라진다는 것이다.

안녕하세요?

내일은 3월 8일! 세계 여성의 날을 기념하여 성평등교육연구회에서 안내 메시지를 드립니다.

1. 우리 학교 성평등교육연구회는 독서 토론, 아동 문학이나 영화와 같은 미디어 소개, 교육 자료의 공유 및 연구 활동을 하고 있습니다. 연구회 활동에 문의 있으시거나 참여를 희망하는 선생님께서는 적극적인 답장을 부탁드립니다.

2. 세계 여성의 날은 1908년 미국에서 열악한 작업장 화재로 불타 숨진 여성 노동자들을 추모하고 선거권과 노동조합 결성의 자유를 쟁취하기 위한 대대적인 시위를 시작으로 하여, 1910년부터 매년 같은 날, 점차 많은 나라의 여성들이 연대하며 여성의 지위 향상과 남녀 차별 철폐, 여성 빈곤 타파 등 여성의 권리 신장을 위해 기념하는 날입니다.

   어떤 나라에서는 여성의 날을 축하하며 기념하기도 한다는데, 요즈음 우리나라와 세계 곳곳에서 터져 나오는 성폭력 폭로(미투 운동)를 보면 과연 여성으로 살아가는 것이 축하받을 만한 일인가 하는 참담한 심정입니다. 그럼에도 수많은 여성들이 오랜 세월을 저항하고 버텨 온 역사를 제대로 보고 서로 연대하며 앞으로 나아갔으면 좋겠습니다.

긴 메시지 읽어 주셔서 감사합니다.

연구회 활동에 관심 있으신 선생님들의 답장을 기다립니다.

우리 학교는 얼마전까지 남학생이 1번부터 시작하는 성별 번호를 사용했다. 출석 번호를 이름순으로 정하자는 의견을 학교에 제시했지만, 반대에 부딪혀 바뀌지 않았다. 어쩔 수 없이 학급 안에서 뽑기로 사물함과 신발장 번호를 정했다.

3월 셋째 주에 학부모 총회가 있었는데, 한 여학생의 보호자에게 아이가 1번이 되어 좋아했다며, 남학생부터 번호를 시작하는 줄 알았는데 어떻게 된 일인지 모르겠다는 질문을 받았다. 그 자리에 참석한 보호자들에게 남학생부터 시작하는 번호가 학생들에게는 특정한 성이 더 우선하고 먼저여야 한다는 고정관념을 심어 줄 수 있음을 이야기하며 앞으로 우리 반 학생들을 여자, 남자가 아니라 그 아이 모습 그대로 보겠다고 말했다. 그리고 "남자는 이래야지.", "여자는 이래야지."와 같은 말들은 학생들이 스스로를 긍정하면서 성장하는 데 방해가 된다는 것을 말씀드리고, 교사가 성 편견에서 자유로운 학급을 운영하는 것은 여자아이들에게도 남자아이들에게도 모두 행복한 일이라는 것을 설명했다.

학교와 가정의 교육 방향이 일치하고, 교사가 학생의 보호자에게 지지받을 때, 교육은 더 큰 효과를 갖는다. '성별 고정관념에서 자유롭기', '자신의 신체 이미지를 긍정적으로 인식하기', '가족 관계 안에서 물리적 경계나 동의 개념을 정확하게 교육하기'와 같이 의도적으로 학년의 특성에 맞는, 꼭 이야기하고 싶은 주제를 정해 한 해 동안 보호자와 소통해 볼 수 있다.

실천하기

- 의미 있게 한 수업과 관련한 학생들의 인상적인 반응이나 긍정적인 변화를 공유한다.
- 어버이날에는 가사 노동, 명절의 성차별적 문화와 같이 시기적으로 적절하게 가정 통신문이나 메시지를 보낸다.
- 학부모 총회나 상담 기간을 활용하여 교육관을 공유하거나 반 모임을 시도해 본다.

학급 문고 만들기

학급 책장에 아무 의심 없이 자리를 차지하고 있는 책을 꺼내 확인해 보자. 학생들이 읽어도 괜찮을까? 좋은 책으로 추천받아 구입한 것들도 생각보다 많은 부분이 성 편견을 강화할 수 있는 내용이었다. 몇 년째 한 해에 쓸 수 있는 학급 운영비의 대부분을 학급 문고에 비치할 책을 모으는 데 쓰고 있다. 학급 책꽂이에 가능하면 여자아이가 주인공이거나, 주인공이 아니어도 애정 관계나 돌보는 역할의 인물로 묘사되지 않은 이야기, 혹은 사회가 규정하는 '남자다움'을 수행하지 않는 남자를 다룬 이야기를 많이 비치해 두려고 노력한다. 버리기에는 내용이 아까운 훌륭한 책들은 주인공의 성을 바꾼다든지, 편견이 담긴 표현이나 상황을 삭제하는 식으로 읽어 주기도 한다.

아동 문학 작품 속에서 엄마는 주로 양육을 담당하는 보호자로, 아빠는 직업 활동을 하는 보호자로 다뤄진다. 식사 준비와 정리, 잔소리는 엄마의 역할로, 신문이나 뉴스를 보고 지혜로운 조언을 해 주는 역할은 아빠의 역할로 그려지는 경우가 많은데, 이런 경우는 엄마와 아빠를 바꾸어서 읽어 준다.

"너무 여자아이들 위주의 책만 읽어 주시는 것 아닌가요?"라는 말을 들을지도 모르겠다. 그러나 교과서에서, 또 교실 밖에서 학생들이 접하는 이야기의 대부분은 소년이 주인공이다. 의도적으로 교사가 여자아이들의 이야기를 읽어 주어야 어느 정도 균형이 잡히는 수준일 것이다. 여자아이들이 멋진 소년 주인공에게 감정 이입하며 훌륭한 문학 작품을 즐길 수 있는 것처럼 남자아이들도 멋진 소녀 주인공에게 푹 빠져들어 작품을 즐길 수 있어야 한다.

학교 도서관에서는 분기나 학기별로 구입 도서 신청을 받는다. 사서 교사가 보내는 메시지를 잘 기억하고 있다가 기한 내에 신청해서 학교 도서관에도 성차별주의적 시각에서 벗어난 좋은 도서가 비치될 수 있도록 해야 한다. 예산이 한정되어 있다 보니 성인 도서보다는 학생 도서 구입 비중이 더 높고 다른 교사들이 많이 신청하지 않을 때는 의견이 반영될 확률이 높으니 목록을 넉넉히 만들어 신청하도록 하자.

여성의 언어로 읽고 쓰기

"여자의 적은 여자다", "여자 나이는 크리스마스 케이크와 같다.", "아내가 아침은 챙겨 주니?"와 같은 말을 들으면 기분이 나쁘고 화가 났지만, 이것이 차별에 대한 이야기임은 인식하지 못했다.

2016년 5월 17일, '강남역 여성 혐오 살인 사건'의 가해자가 스스로 명백히 여성 집단에 대한 범죄 의도를 가지고 있었다고 밝혔음에도 불구하고, 국가는 이 사건을 단순한 '묻지 마 범죄'로 규정했다. '일부'라고 하기에는 너무 많은 사람들이 생존의 위협에서 오는 공포를 '피해 의식'으로 해석하고, 여성이 안전하게 살 권리를 보장하라는 분노의 외침을 조롱하는 것을 지켜보며, 나는 이 사회의 여성 차별과 직면했다. '어떤' 여자에게 일어난 일이라고 생각하면 여태 그래 왔던 것처럼 '내 일이 아닌 일'이라며 넘어갈 수 있었을 텐데, 이번에는 도저히 그럴 수 없었다.

나를 억압하는 차별이 있다는 것을 인정하고 받아들였지만, 무엇이 어떻게 잘못되었는지 말로 표현하기 어려워서 답답했다. 마침 페미니즘의 열기가 출판계의 페미니즘 도서 출간으로 이어졌고, 다양한 페미니즘 도서들을 만나 세상을 다시 바라볼 수 있었다. 미처 알아차리지 못한 차별의 구조를 이해할 수 있었고, 비로소 여성의 언어로 말할 수 있게 되었다.

책과 여러 페미니스트들의 글을 읽으면서 생각을 넓혔고, 생각이

넓어지니 쓰고 싶고 글로 남기고 싶어졌다. SNS상에서도 나에게 영 감을 주는 글, 재미있는 글, 공감 가는 글에 하트를 누르고, 영화 후 기나 책 리뷰를 짧게 써서 올렸다. 답답하고 속상한 일이 있는 날에는 좀 더 길게 쓰고 나면 마음이 한결 가벼워졌다. 장난 삼아 써 본 문장 들은 실제로 사람들을 만났을 때 좀 더 쉽게 말로 나왔다.

슬로베니아 LGBT 문화 활동가 브라네 모제티치는 한국의 퀴어들 에게 이런 말을 해 주고 싶다고 인터뷰했다.

"차별과 마주했을 때 오래 아파하지 말길 바란다. 아프다면 그 감 정을 글로 써라. 기억과 기록은 우리를 차별하는 대상과 맞서는 가장 큰 힘이 될 것이다."[27]

여성이 자신의 삶에 대해 이야기하는 것은 언제나 저항이었다. 그 리고 여성이 쓰고 말할 때 세상은 달라진다.

만남, 그리고 연결되기

행복한 페미니스트가 있을까? 아니, 페미니스트가 행복한 것이 가능 할까? 이전에는 보이지 않던 차별들이 보이기 시작하고, 체감하는 고

---

27 〈작가 브라네 모제티치 "차별적 시선으로 상처받은 아이 위해 동화책 썼어요."〉, 『여성신문』 2018.12.11.

통에 비해 세상이 변하는 속도는 너무나 더디게 느껴졌다. 사람들이 쉽게 하는 말들이 귀에 거슬리고, 동료와의 관계가 점점 더 어려워졌다. 매일 사회 뉴스에 오르는 여성을 향한 폭력 사건, 거대한 웹하드 카르텔, 약물 강간과 불법 촬영 영상을 공유하는 단톡방까지 희망이 보이지 않는 것 같아 암담했다. 정말 다른 사람들 말처럼 내가 너무 예민하게 구는 걸까? 사람들을 불편하게 만드는 내가 문제인가? 고슴도치처럼 항상 뾰족하게 가시를 세우고 있는 것 같아 지쳤고, 함께 분노할 사람이 없어 외로웠다.

그러다가 가까운 곳에서 페미니스트 교사들의 모임이 있다는 것을 알게 되었고, 떨리는 마음으로 참가를 신청했다. 그 선생님들과 같은 공간에서 이야기를 나누는 시간은 어떨까 궁금했다. 막상 날짜가 다가왔을 때는 낯선 자리가 어색할 것 같아 가지 말까 하는 생각도 했다. 혹시 그때의 나처럼 망설이는 선생님들이 있다면 꼭 가 보기를 권한다. 페미니스트 교사들과 한자리에 모여 경험을 나누고 교류하는 것은 정말 소중한 경험이었다. 이후 여성의 날 집회나 낙태죄 폐지 집회에 참여했을 때에도 가슴이 뜨거워지고 두근거리는 것을 느꼈다.

전교조 여성위원회에서는 매년 1월 참교육실천대회에서 페미니즘 교육 분과를 개설하여 관심 있는 사람들의 참가 신청을 받고, 또 페미니스트 교사를 위한 캠프를 주최·운영하고 있다. 페미니스트 교사 캠프에서 만난 같은 지역 선생님들과 서로 연락처를 교환하고 독서 모임을 시작해 보기로 했다. 처음에 셋이 시작한 모임은 어느덧 열 명이 되었다. 정기적으로 만나며 책을 골라 읽고, 서로의 생각을 이야기 했다. 같은 내용을 읽고도 내가 미처 생각하지 못한 부분을 짚어 주는 사람도 있었고, 답답함을 속 시원히 날려 버리는 재미있는 이야기를 해 주는 사람도 있었다. 책의 이야기가 자연스럽게 '지금', '여기'의 이야기로 이어졌다. 대화를 나누면서 우리는 언어를 찾고 생각을 정교화시켜 나갔다.

웃고 떠들며 책 리뷰를 쓰고, 여성 영화 보기, 티셔츠 만들어 입기, 페미니즘 굿즈 교환하기 등 재미있게 함께해 볼 수 있는 일, 새로운 일을 계획했다. 서로의 차이를 그대로 존중해 주는 모임 안에서 우리는 느슨하고 편안하게 연결되는 것을 느꼈다. 사람들과 모여 이야기를 털어놓고 공감받고, 지지를 받는 경험은 큰 위로가 된다. 나는 이모임에서 힘을 얻고 학교로 돌아갈 용기를 얻는다. 우리가 모여 서로의 존재를 확인하는 것은 용기가 되고, 학교와 지역의 다른 모임에서는 누군가의 용기가 되어 주고 있다.

실천하기

- 여성 단체의 후원 회원이 된다.
- 페미니스트 교사 모임이나 연수, 강좌에 참석한다.
- 학교나 지역에서 모임을 함께할 사람을 찾아본다.
- 여성 문제와 관련한 집회에 참여한다.

이제는 행동하기

학교라는 공간에서는 아직 가부장제와 나이 권력이 공고하다. 무언가 바꿔 보고 싶어 연구실에서 이야기를 꺼내면 사람들이 불편해하는 분위기가 읽힌다.

그러나 '성차별'이 없어져야 한다는 것, 학교가 '성평등'한 공간이어야 한다는 것을 부정하는 교사는 많지 않다. 연구회 모집 메시지에 어느 정도의 인원이 응답했다면 안전한 공동체 속에서 편안한 마음으로 이야기를 나눌 수 있는, 학교 안의 지지 기반을 만들 때다. 학교 안의 다른 연구 모임이 활발한 학교라면 별 어려움 없이 조직할 수 있다. 그렇지 않은 학교라면 관리자와 상의를 해야 할 수도 있는데, 교사 연구 모임이 장려되고 있는 추세이니 연구회 활동을 하겠다고 얘기하면 대부분 격려받고 예산을 지원받을 수도 있다.

인원이 적더라도 일단 모임을 만들면 꾸준히 이어 나갈 수 있다. 어떤 마음으로 함께하겠다고 결정했는지, 무엇을 해 보고 싶은지 등을 이야기하다 보면 목표가 생긴다. 처음에는 책이나 다른 페미니스트 교사들의 글을 읽고 이야기를 나누는 방식을 권한다. 『82년생 김지영』이나, 『우리는 모두 페미니스트가 되어야 합니다』는 첫 모임에서 읽기를 추천하는 책이다.

이후 모임에서는 '초등성평등연구회'에서 활동하는 선생님의 연수를 다녀와 수업 자료를 공유했고, 학생들의 여성 혐오 표현과 관련한 칼럼을 복사해서 읽기도 했다. 교과서를 함께 살펴보며 등장 인물이 성별에 따라 어떻게 그려지는지와 등장하는 횟수를 분석해 보기도 했다. 어린이 책을 구입하여 함께 읽었고, 영화 〈피의 연대기〉를 학교에서 공동체 상영으로 관람하기도 했다.

이때 연구회가 아닌 교사들에게도 공개하여 큰 호응을 얻었다. 학교에 자신의 교육 활동이나 연구회 활동을 공유하는 시간이 있다면 이때를 활용해 수업 사례나 모임 결과를 알릴 수도 있다. 내 이야기를 듣고 어느 교실에서 누군가가 시도해 볼 수 있다면 무척 뿌듯한 일일 것이다.

함께 모임을 하고 있는 몇 분의 선생님들은 학교 안에서 연구회를 만들고 학교 문화에 많은 변화를 가져올 수 있었다. 선생님의 수업 사례 발표는 다른 학년에서 '성 편견 깨기' 프로젝트를 운영하기로 결정하는 데 영향을 주었다. 또 연말 교사 회의에서는 학교 헌장에 "우리는 편견과 차별을 넘어서기 위해 성평등을 지향한다."라는 조항을 넣자는 안건을 제안했다. 성평등 조항이 왜 별도의 조항이 되어야 하는지를 알리고, 교사들의 마음을 열기 위해 그 조항이 생겼을 때 어떤 변화가 생길지를 역할극으로 준비했다고 한다. 그리고 헌장을 살아있게 하는 실천의 방법들을 함께 만들었고 우리 학교는 물론 관심있는 여러 학교 선생님들과 나누었다.

① 헌장 이전의 교직원 문화

선배 교사 선생님, 올해 나이가 몇이지?

후배 교사 저 서른다섯인데요.

선배 교사 젊어 보여서 20대인 줄 알았어. 결혼했지?

후배 교사 안 했는데요.

선배 교사 어머, 지금 애를 낳아도 노산인데……. 연애는?

후배 교사 하고 있습니다.

선배 교사 근데 선생님 남자 친구는 샘 교실 더러운 거 모르지?

　　　　　　 괜찮아~ 결혼하면 다 할 건데, 뭐. 결혼해서 정리 잘하면 되지.

　　　　　　 (남성 후배 교사에게) 3반 샘은 승진 안 해? 내년엔 부장 해!

헌장 이후의 교직원 문화

선배 교사 우리 동 학년 새로 만났는데 잘 지내 봐요. 서로 배려할 수 있게 우리

　　　　　　 각자 좋아하는 일과 하기 어려운 일이 뭔지 얘기해 봐요.

후배 교사 저는 회의 참여하는 거 좋아하고요, 정리 정돈을 못해요. 그래서 학년

　　　　　　 업무, 각종 위원회 활동을 하고 싶어요. 연구실 정리는 잘 못할 텐데

　　　　　　 복사지는 떨어지지 않게 채워 놓겠습니다.

남후배 교사 저는 쇼핑도 좋아하고 꼼꼼한 편이에요. 제가 우리 학년 친목 총무

　　　　　　 할까요? 우리 먹고 싶은 간식도 서로 이야기해요.

② 현장 이전의 학부모 문화

교사   학부모회 대표 해 주실 분 없으세요? 오늘 대표를 꼭 뽑아야 하거든요. 어머니, 바깥일 안 하고 집에 계신다고 하던데, 좀 해 주세요.

여성 보호자 제가 선생님 꼭 도와드리고 싶은데, 둘째가 어려서 조금 벅차네요.

현장 이후의 학부모 문화

교사   학부모회 대표를 못 구했네. 보호자 모두에게 문자를 보내야겠다. 학부모회 반 대표 해 주실 분을 찾습니다. 그동안 어머님들께서 많이 해 주셨는데 아버님들께서도 적극적으로 참여해 주시면 좋겠어요.

남성 보호자 (따르릉)

교사   여보세요? 안녕하세요, ○○이 아버님!

남성 보호자 선생님, 그동안 어머니들께서 많이 애써 주신 데 감사하는 마음으로 제가 봉사해 보겠습니다.

교사   아버님, 감사해요. 다음 학부모 아카데미는 저녁 시간인데 오셔서 들어 보세요.

남성 보호자 네. 엄마한테만 미뤄 두지 않고 저도 좋은 아빠 되도록 교육받겠습니다.

③ 현장 이전의 학생 문화

교사   오늘 준비물 나눠 줄 테니까 자기 이름 쓰세요. 여자는 분홍색 가져가고 남자는 하늘색 가져가면 돼요. 딱 맞게 샀으니까 다른 거 가져가면 안 돼요.

남학생	(두리번두리번 딴짓을 한다.)
교사	○○아(여학생), 니 짝 좀 챙겨 줘.
여학생	네(짝꿍 것을 챙겨서 간다.). ○○아, 여기에 이름 써야 된대.
교사	이름 썼나 볼게요. (여학생에게) ○○아, 여자애가 글씨 좀 예쁘게 쓰지. 다른 건 잘하면서……. (남학생에게) 우리 ○○이는 선생님이 알아보게만 써 주세요. 뭐라도 해 줘서 고맙다.

현장 이후의 학생 문화

교사	오늘은 모둠이 함께 배운 내용을 정리할 거예요.
남학생	우린 글씨 못 쓰니까 여자애들이 써. 우린 그림도 못 그리니까 여자애들이 그려.
교사	못 하는 걸 안 하면 잘할 수 있겠어요? 역할을 나누지 말고 모두 경험할 수 있게 돌아가면서 하세요. 그리고 자기가 할 일은 스스로 챙기세요.
여학생	선생님, 얘가 자꾸 제 귀에 바람 불어요.
교사	동의 없이 다른 사람의 몸에 바람도 불지 마세요!
남학생	불쾌하게 해서 미안해. 다신 안 그럴게.

교직원이 함께해요

1. 성별 분업을 하지 않아요.

2. 임산부, 임산부의 배우자, 양육하는 보호자를 배려해요.

3. 젠더 감수성을 높이는 교육을 받아요.

4. 보호자가 학생에게 성 역할을 강요하지 않도록 인식을 공유해요.

5. 당연한 삶의 과정이 있다고 생각하거나 묻지 않아요.

6. 외부 강사, 방과 후 강사, 동아리 강사와 인식을 공유해요.

7. 외모와 관련된 말들은 주의해요.

보호자와 이렇게 지내요

1. 학생의 보호자를 칭할 때는 '보호자'로 해요.

2. 보호자의 봉사를 당연하게 여기지 않아요.

3. 가사 노동의 가치를 인정하고 존중해요.

4. 보호자 모두에게 양육의 책임을 부여해요.

5. 맞벌이 가정을 배려하고 학교 참여 기회를 부여해요.

학생과 이렇게 지내요

1. '여자가~', '남자가~'로 시작하는 생각과 말이 떠오르면 성찰해요.

2. 교육 내용, 자료, 온작품, 준비물 선정 시 성별 치우침이나 성 고정관념이 없도록 고려해요.

3. 혐오 표현과 동의 없는 신체 접촉은 강력하게 제지해 주세요.

4. 성별에 따라 다른 능력이나 관습적인 성 역할을 기대하지 않아요.

5. 다른 사람을 돕거나 뒷정리하는 것을 모두가 충분히 경험하고 연습하도록 지도해요.

그 결과 다음 해의 학교 비전을 세우고 학교 교육 과정을 고민하는 자리에서 '성평등교육'이 의미 있게 들어가게 되었고, 정확한 성 지식을 가지고 건강한 성 가치관에 따라 행동하는 능력을 갖추게 하기 위해 학년군별로 '성교육'과 '성폭력 방지 교육'의 내용을 정리했다. 그동안 피해자의 피해 예방을 가르치던 성폭력 예방 교육에서 가해자의 가해 방지를 가르치는 성폭력 방지 교육에 초점을 맞추기로 했다.

성교육	• 정확한 성 지식을 갖춘다. • 성 고정관념, 성 편견 없이 말하고 행동한다. • 성적 자기 결정권을 이해하고 존중한다. • 물리적, 신체적, 정서적 경계선을 존중하고 침해하지 않는다.
성폭력 방지 교육	• 성적 불쾌감을 유발하는 모든 행위를 하지 않는다. • 디지털 성범죄에 대해 이해하고 가담, 소비, 유포하지 않는다.

저학년	중학년	고학년
• 성적 자기 결정권 • 경계 존중 • 성 편견, 성 고정관념 극복	• 성기의 정확한 명칭 • 사춘기와 신체적 변화 • 성관계	• 성폭력 방지 교육 • 관계와 동의 • 만남과 헤어짐

교사들이 성교육과 성폭력 방지 교육을 위한 지식과 태도를 갖추고, 보호자와 인식을 공유하기 위해서 다음의 준비를 계획했다.

• 교사를 위한 성교육

- 성교육 공개 수업과 보호자 교육
- 학생과 교사를 대상으로 한 외부 강사 초빙 교육
- 전문적 학습 공동체의 주제로 운영
- 학년별 교사용/학생용 추천 도서 목록 개발
- 좋은 연수 프로그램 공유

이 밖에도 보건 선생님의 제안으로 교직원 대상 성폭력 예방 연수에서 실습을 진행할 기회를 얻어 성희롱 발언과 2차 가해 발언에 "지금 뭐라고 하셨어요?", "그 말씀 불편합니다.", "성희롱이에요.", "언론에 제보하겠습니다."와 같은 대응을 연습하였다. 실제로 한 학년의 연구실에서 일어난 비슷한 성희롱에 주변 교사들이 나서서 성희롱이니 사과하라고 대응했다는 에피소드도 들었다.

성폭력은 권력, 위계에 의한 폭력이다. 당사자뿐만 아니라 주변인들이 나서서 더 이상 용납되지 않는다는 것을 보여 주고 그런 분위기를 만들어 가는 것이 중요하다.

마지막으로 그 학교에서는 학생생활인권규정과 인사 규정도 손보았다고 했다. 학생생활인권규정 중 용의 복장에 대한 규정을 신설할 때 제안되었던 조항인 "학생의 개성을 존중하며 초등학생으로서 타인에게 불쾌감을 주지 않는 복장과 두발을 하도록 한다."를 논쟁 끝에 "학생의 개성을 존중한다."로 정돈하였다.

또 모두가 선호하는 일에는 고경력자, 고연령자가 우선하고 비선호하는 일에는 저연령자, 저경력자가 우선하였던 인사 규정 조항을 모두 폐지하였다. 그리고 육아 휴직자의 휴직 이전의 경력을 인정하지 않는 경력 단절 문제도 함께 토론하였다. 계속 근무한 사람들과의 형평성을 고려하여 경기도 학교의 최대 전보 순환 주기인 5년 안에서 최근 3년의 경력을 인정하는 것으로 개선할 수 있었다.

학교 안 모임을 만들어 교사들에게 공감대를 얻고 여러 학년에서, 그리고 공식적인 자리에서 같은 목소리로 이야기하면 여론이 되고 중요한 의견으로 받아들여진다.

교사들의 연구와 시도를 지원하고 자유롭게 자신의 교육 활동을 나누고 제안할 수 있는 분위기만 조성된다면 한 해 동안 이렇게 많은 변화를 이룰 수 있다.

물론 모든 학교가 앞서의 긍정적 사례를 들려준 교사의 학교와 같은 여건이 마련되어 있지는 않을 것이다. 그렇더라도 낙담하지는 말자. 지금 자신의 여건과 상황에서 무리 없이 해 볼 수 있는 일부터 하나씩 찾아서 해 보자.

친구가 이런 이야기를 해 준 적이 있다.

"우리는 완벽할 수 없다. '과정적으로 덜 바보가 되기'를 연습하면서 어제보다 오늘, 오늘보다 내일 더 괜찮은 사람이 되어 가는 것을 축하하자."

태어나면서부터 페미니스트인 사람은 없고, 스스로를 페미니스트로서 완벽하다고 생각하는 사람도 없을 것이다. 우리는 인생의 다른 부분에서는 이 사실을 잘 받아들이면서도 페미니즘에 있어서는 끊임없이 부족함을 느끼고 완벽하지 못함을 자책하곤 한다. 그러나 분명히, 우리는 하루하루 페미니스트로서 성장하고 있다.

'불편한 용기'의 시위 사진을 들여다보다가 다음과 같은 문구가 적힌 피켓을 보았다.

"세상이 바뀌지 않는다고 속상해하지 마라. 네가 바뀌었다."

혐오와 차별 없는 학교를 만들기 위해 페미니즘 교육을 이야기하기 시작한 지는 사실 얼마 되지 않았다. 지치지 않기 위해서는 내가 감당할 수 있는 무게의 짐을 지고, 천천히 나아가야 한다. 교사를 바라보는 학생들의 얼굴을 마주하자. 학교에서 꼭 살아남아야 하는 이유가 바로 여기에 있다.

페미니스트
교사들의 열두 달
학교생활

1판 1쇄 발행일 2019년 6월 4일

글쓴이 구세나 박효진 이소현 | **펴낸곳** (주)도서출판 북멘토 | **펴낸이** 김태완

편집장 이미숙 | **편집** 김정숙, 송예슬 | **교정교열** 양미애 | **디자인** 지선 디자인연구소, 안상준 | **마케팅** 이용구, 민지원

출판등록 제6-800호(2006. 6. 13.) | **주소** 03990 서울시 마포구 월드컵북로 6길 69(연남동 567-11), IK빌딩 3층

전화 02-332-4885 **팩스** 02-332-4875 **이메일** bookmentorbooks@hanmail.net

페이스북 https://facebook.com/bookmentorbooks

ⓒ 구세나, 박효진, 이소현 2019

※ 잘못된 책은 바꾸어 드립니다.

※ 이 책은 저작권법에 따라 보호를 받는 저작물이므로 무단 전재와 무단 복제를 금합니다.

※ 이 책의 전부 또는 일부를 쓰려면 반드시 저작권자와 출판사의 허락을 받아야 합니다.

※ 책값은 뒤표지에 있습니다.

ISBN 978-89-6319-302-1 03330

이 도서의 국립중앙도서관 출판예정도서목록(CIP)은 서지정보유통지원시스템 홈페이지(http://seoji.nl.go.kr)와
국가자료종합목록시스템(http://kolis-net.nl.go.kr)에서 이용하실 수 있습니다. (CIP제어번호 : CIP2019019109)